Prominente rezepte

Kulinarische Vorlieben von 26 Prominenten
aus dem Berner Oberland

ISBN	3-9521532-6-5
© 2000	Weber AG, Gwatt-Thun
Auflage	2000 Exemplare, November 2000
Druck	Schaer Thun AG, Uetendorf
Konzeption, Gestaltung, Realisation und Verlagsarbeit	Weber AG, Gwatt-Thun
Texte/Interviews	Annette Weber, Marlies Eggen, Beat Straubhaar
Fotografie	Michel Jaussi, Spiez (Personen und Gerichte) Heinz-Dieter Finck, Zürich (Landschaften)
Kochstudio	Die Prominenten-Rezepte wurden gekocht und zubereitet von Franz Terkl, Spiez

INHALTSVERZEICHNIS

Elisabeth Zölch-Balmer	Vorwort	5
Ursula Haller	Hörnli mit Gehacktem	6
Walter Hauenstein	Eglifilets und Steinpilze	10
Michael von Grünigen	Spätzli-Eintopf	16
Klaus Schilling	Brät-Tätschli und Spiezbergcreme	22
Hans-Ueli von Allmen	Risotto und Piccata	28
Emanuel Berger	Schmorbraten mit Kartoffelknödel	32
Ueli Kestenholz	Apfelstrudel mit Vanillecreme	38
Hanery Amman	Harry's Traumreis und Poulet à l'Orange	44
Bruno Kernen	Carpaccio, Farfalloni und Zitronencake	50
Paul Günter	Pipim Pap	54
Hansruedi Wandfluh	Birchermüesli	60
Hans Burn	Riz Casimir	64
Ernst Scherz	Filets de Truite au Dézaley «Palace»	70
Bernhard Müller	«Himalaja-Znacht»	76
Christian von Weissenfluh	Lachsnudeln	80
Susanna Knecht	Spiezer Topf	84
Christina Nigg	Pouletgeschnetzeltes mit Wildreis	90
Bruno Blum	Kartoffelstock mit Pilzen	94
Marguerite Dütschler	Tafelspitz	100
Evelyne Binsack	Rindsfilet mit Kartoffelgratin	104
Verena Kauert	Simmentaler Geschnetzeltes	108
Bernhard Fahner	Steaks mit Pfeffersauce	112
Bruno Kernen	Gemsmedaillons Ruedi	118
Karl Molitor	Berner Rösti mit Kalbsleber	122
Ruth Gusset-Durisch	Gschwellti mit Tomme	128
Thomas Ulrich	Lachs an Buttersauce	132

Blick vom Spiezer Rebberg auf den Thunersee, mit Niederhorn, Schreckhorn und Eiger.

VORWORT

Elisabeth Zölch-Balmer

Essen und Trinken ist des Menschen Leben

Kochrezepte behandeln die Herstellung von Speisen und Getränken, die den Menschen sowohl zur Ernährung als auch zum Genuss dienen. Die ältesten Rezepte, die in direkter Überlieferung auf uns gekommen sind, stammen aus dem Mittelalter. Sie wurden ursprünglich mündlich von Generation zu Generation weitergegeben. Die schriftliche Fixierung der Rezepte in Kochbüchern diente zunächst nur der Gedächtnisentlastung. Die Kochbücher, angereichert mit Notizen zur Haushaltführung, zur Kindererziehung und zu Fragen der Ethik, Moral und Religion, wurden im bürgerlichen Zeitalter zu Sachbüchern, die neben Bibel und Gesangbuch zum Sachbuch für die Mädchenerziehung wurden. Die ursprünglich funktionale Bedeutung der Kochbücher erhielt dadurch eine sozial- und kulturgeschichtliche Erweiterung: Mit der Überlieferung von Kochanweisungen werden auch der Zeitgeschmack sowie der Bildungs- und Erfahrungshorizont einer Epoche weitergegeben. In den einzelnen Kochrezepten spiegeln sich die kulinarischen Vorlieben einzelner Menschen, im Aufbau und in der Gestaltung der Kochbücher die Tradition und Innovation, das Brauchtum und die Mode einer Gesellschaft.

Ein Spiegel von Lebensgewohnheiten ist auch das vorliegende Buch «Prominente Rezepte». 26 Persönlichkeiten aus Politik, Wirtschaft, Kultur und Sport, die im Berner Oberland wohnen, lassen sich zunächst in die persönlichen Karten und dann in die privaten Kochtöpfe blicken. In diesen bernischen Töpfen braten und sieden Gerichte, die aus der ganzen Welt stammen. Es finden sich aus dem fernen Osten eine koreanische Nationalspeise, ein asiatisches Gericht und ein Znacht vom Dach der Welt in Nepal. Auch die Küchen europäischer Länder sind vertreten. Aus Griechenland ein Salat, aus Italien Teigwarengerichte und aus Österreich sogar das Kaiserfleisch, der Tafelspitz mit Apfelkren. Als Volkswirtschaftsdirektorin des Kantons Bern freuen mich natürlich besonders diejenigen Gerichte, die einen Bezug zu unserem Kanton herstellen. Dazu gehören die Berner Rösti, das Simmentaler Geschnetzelte, der Spiezer Topf und die Spiezbergcreme. Auch die erlesenen Weine, die zu den einzelnen Gerichten empfohlen werden, stammen aus der ganzen Welt. Da freut es den Weinfreund ganz besonders, dass auch die «Explosion», der Spiezer Schaumwein aus dem Rebhang Adrians von Bubenberg, sowie ein Spiezer und ein Oberhofner Blauburgunder in den Reigen mit den fremden Spitzenweinen treten dürfen.

Ich freue mich über das vorliegende Buch. Es setzt einen unserer Lebensräume, das Berner Oberland, in Wort und Bild mit der ganzen Welt in Bezug und zeigt, dass auch der Kanton Bern hohe Lebensqualität und hervorragende Produkte vorweisen kann. Ich liebe diese Heimat. Und da bekanntlich die Liebe durch den Magen geht, wünsche ich allen Leserinnen und Lesern «bon appétit».

Elisabeth Zölch-Balmer

URSULA HALLER

Die Thuner Gemeinderätin kauft gerne auf dem Markt ein und geniesst diesen Ort der Begegnung.

Stehen Sie gerne in der Küche?
Mir macht Kochen Spass, ich muss aber ehrlich zugeben, dass ich zu wenig Zeit habe, mehrgängige Menüs zuzubereiten. Ich bezeichne mich auch nicht als Spitzenköchin, esse aber sehr gerne. Im Jahr als Grossratspräsidentin, mit all den kulinarischen Freuden, habe ich sechs Kilo Gewicht zugelegt (lacht schallend und ergänzt, dass sie nun wieder das Normalgewicht habe).

Seit wann kochen Sie?
Meine Eltern waren beide berufstätig. Auch meine Mutter hat also erfahren, was es heisst, neben dem Beruf eine Familie zu verpflegen und viele Fähigkeiten unter einen Hut zu bringen. Ich lernte in der Kochschule Kochen und – etwas, das die heutigen jungen Frauen nicht mehr kennen – ich besuchte noch den berüchtigten «Fünfwöcheler». Dort lernten wir nicht nur kochen, sondern auch aus Resten etwas Gescheites zu machen. Ich meine, es würde auch heute noch mancher jungen Frau gut tun, diese Grundausbildung zu erfahren.

Haben Sie Jugenderinnerungen im Zusammenhang mit Essen?
Meine Mutter machte etwas, über das heute viele Leute «d'Nase rümpfe». Sie kochte sensationell gute Kutteln an einer Tomatensauce. Zudem kochte sie ausgezeichnete Hörnli mit Gehacktem und Apfelkompott – noch heute mein Lieblingsgericht!

Gibt es auch weniger gute Erinnerungen?
Ja, weil die Eltern berufstätig waren, hatten wir sehr oft auch Kindermädchen. Eines von ihnen machte uns jeweils Quark mit Salzkartoffeln, eine Spezialität aus irgendeinem Bundesland. Jedesmal, wenn sie damit kam, hat es mir den Magen gekehrt.

Wie sieht Ihr heutiges Essverhalten aus?
Ich esse gerne Gschwellti mit Käse, Rösti, Fondue, Raclette, trinke gerne kalte Milch, verschmähe aber auch einen Cabernet Sauvignon nicht...

Also gut bürgerlich, wie es sich für eine bürgerliche Politikerin gehört?
(lacht noch schallender)...genau, wie es sich für die SVP gehört!

Würden Sie sich als Gourmet bezeichnen?
Wenn als Gourmet jemand gemeint ist, der nur das Exklusive ausliest, dann nein. Ich weiss aber

PERSÖNLICH

Ursula Haller ist Gemeinderätin in Thun (Vorsteherin BISK, Bildung/Sport/Kultur) und Nationalrätin. Die SVP-Politikerin wurde am 4. November 1948 geboren. In der Freizeit spielt sie Klavier- und Heimorgel («für den Hausgebrauch», wie sie sagt), wandert und fährt gerne Ski. Ebenfalls ist sie öfters an einem Konzert oder einem Handballmatch anzutreffen.

«Ich esse einfach nach dem Lustprinzip»

durchaus zu spüren, mit den Augen und auf der Zunge, was gut ist. Ich esse einfach nach dem Lustprinzip.

Essen Sie lieber zu Hause oder auswärts?

Es kommt natürlich sehr darauf an, in welcher Gesellschaft man ist. Ich geniesse durchaus die grosse Gesellschaft, bin aber auch ganz gerne alleine zu Hause.

Welchem Leckerbissen können Sie nicht widerstehen?

Einer Tüte Pommes frites mit Mayonnaise. Ich bin froh, dass wir hier nicht Pommes-frites-Buden wie in Belgien haben, sonst würde ich des Öftern mal schwach und müsste fleissig grössere Kleider kaufen...

Leisten Sie sich zwischendurch einen kulinarischen Luxus?

Ein gut gewürztes Beefsteak Tatar, aber sonst bin ich nicht anspruchsvoll.

Man sieht Sie am Samstagmorgen öfters auf dem Markt in Thun. Schauen Sie bei den Zutaten auf ihre Herkunft?

Ja, ich gehe regelmässig am Samstag auf dem Markt Frischprodukte einkaufen. Nicht nur wegen des Einkaufs, auch weil es ein Ort der Begegnung ist. Man kann mich zwischendurch aber auch in einem Einkaufszentrum antreffen, obschon ich ein Vorstandsmitglied des Gewerbeverbands bin.

Lieben Sie Fisch?

Ich esse sehr gerne Fisch in allen Variationen. Was ich nicht esse sind Hummer und Langusten – es sind Wunderwerke der Natur, die Verpackung ist so schön und der Inhalt so klein. Ebenfalls aus Überzeugung kaufe und esse ich kein Pferdefleisch. Es käme mir auch nicht in den Sinn, Gitzi, Lamm oder Kalbfleisch zu kaufen.

HÖRNLI MIT GEHACKTEM

und Apfelkompott, Rezept für 4 bis 6 Personen

Ursula Haller

ZUTATEN

Gemischter Salat

Kopfsalat

1 Bund Radieschen

1 Gurke

2 Tomaten

Roter Chicorée

Sonnenblumenkerne, Kürbiskerne, Croûtons

Salatsauce französisch

Fleischsauce

1 ganze Zwiebel

2–3 Knoblauchzehen

500 g Rindsgehacktes

Salz und Pfeffer

Etwas Mehl

1 dl Rotwein

1 Würfel Bratensauce

Rahm zum Verfeinern

500 g mittelfeine Hörnli

Apfelkompott

500 g Äpfel

2 Gewürznelken

Zucker

Meringue

8–12 Meringueschalen

2½ dl Rahm

ZUBEREITUNG

Gemischter Salat

Den Salat waschen, auseinander zupfen und die Radieschen, die Gurke und die Tomaten in Scheiben schneiden. Die Sonnenblumen- und Kürbiskerne ohne Fett in einer Bratpfanne rösten. Die Croûtons im Butter knusprig braten. Den Salat mit der französischen Sauce mischen, Sonnenblumen-, Kürbiskerne und Croûtons darüberstreuen.

Fleischsauce

Zwiebel und Knoblauchzehen fein hacken und in Öl andämpfen. Das Rindfleisch mit Mehl bestäuben und sehr gut anbraten. Mit Salz und Pfeffer würzen und mit Rotwein ablöschen. Die Bratensauce beigeben und mit Wasser ergänzen, bei kleinem Feuer kochen, mit etwas Rahm verfeinern.

Die Hörnli al dente kochen, das Wasser abgiessen und zusammen mit dem Hackfleisch in einer Schüssel anrichten. Mit etwas Grünem und einem Tomatenschnitz dekorieren.

Apfelkompott

Äpfel schälen und in Schnitze schneiden. Mit etwas Zucker, den Gewürznelken und wenig Wasser knapp weichkochen, so dass sie noch beissfest sind.

Meringue

Die Meringueschalen auf den Tellern anrichten und mit Schlagrahm oder Creme double dekorieren.

Weintipp von Klaus Schilling

OBERHOFEN BLAUBURGUNDER
Rebbaugenossenschaft Oberhofen

Den Vorlieben zu Bodenständigem wird mit dem Roten Oberhofner Rechnung getragen. Ein passender Wein zu Teigwaren und Fleisch.

WALTER HAUENSTEIN

Der Unternehmer kreiert oft auch eigene Gerichte, mit denen er seine Gäste in stilvollem Ambiente als perfekter Gastgeber verwöhnt.

Walter Hauenstein, was bedeutet Ihnen das Essen?

Das gepflegte Essen bedeutet mir sehr viel, Essen nur um mich zu verpflegen, nicht viel. Ich esse lieber wenig, dafür gut. Mir sind die Portionen meistens zu gross. Die Ambiance ums Essen ist für mich wichtig – wir haben immer Kerzen und Blumen, das gehört dazu. Bei Einladungen ist der Tisch sehr festlich dekoriert.

Sehen Sie sich als Feinschmecker?

Ja, eigentlich schon. Gut essen bedeutet mir viel.

Das heisst, Sie kochen auch selber – wie lange schon?

Schon lange. Ich habe bereits während der Schulzeit behauptet, das von mir gekochte Fleisch sei besser, als das meiner Mutter. Auch meine Rösti nach Grossmutter Art mit «Gätzischmutz» habe ich bereits während der Schulzeit gekocht.

Wenn Sie in der Küche stehen, gibts immer etwas Spezielles?

Eigentlich nicht, meine Frau und ich kochen sehr oft gut bürgerlich. Meine Spezialität, die sehr einfache Eigenkreation «Waschiba» gibt's aber öfters. Sie eignet sich hervorragend, weil ich alles vorbereiten und mich voll den Gästen widmen kann.

«Waschiba»? – tönt gut, verraten Sie uns, was das ist?

(zögert) Eigentlich weiss bis heute niemand, wie «Walters-Schinken-Bananen» entstehen und so soll es auch bleiben. Dafür gebe ich meine Kreation mit den Eglifilets und Steinpilzen preis...

Warum gerade Eglifilets kombiniert mit Pilzen?

Als Fischer mit Seeanstoss und Bootshaus sowie als aktiver «Pilzler» ist es eigentlich naheliegend.

Sie suchen sich selber im Wald die Pilze?

Ja, mit grossem Vergnügen. Zwei bis drei Mal pro Saison reicht, um den Vorrat fürs Jahr anzulegen. Wir kennen ausgiebige Plätze mit Totentrompeten und Erfolg versprechende Weiden für die Steinpilze. Aber auch Pfifferlinge holen wir regelmässig.

PERSÖNLICH

Walter Hauenstein, geboren am 24. Mai 1930, wohnt in Hünibach. Der ehemalige Steffisburger Handwerker im Sanitärbereich entwickelte sich rasch zum Grossunternehmer der Region. Viele Grossüberbauungen kamen auf seine Initiative zustande. Heute ist der 70-jährige, mehrfache Hotelbesitzer nur noch halbtags im Büro anzutreffen. Damit bleibt ihm wieder etwas mehr Zeit für seine Briefmarkensammlung. Zu seinen Hobbys gehören aber auch das Fischen, die Gartenarbeit, das Sammeln von Pilzen und das Bewirten von Gästen mit seiner Gattin Gerda.

«Meine Frau und ich kochen sehr oft gut bürgerlich»

Als Ersatz für die verloren gegangenen Fischgründe im Thunersee?

Leider! Im unteren Seebecken sind Fänge selten geworden. Trotzdem bin ich natürlich viel auf dem See anzutreffen.

Gibt es ein Gericht, dem Sie nicht widerstehen können?

Eigentlich nicht. Sicher ziehe ich ein Pilzgericht dem Fleisch vor. Zudem habe ich ganz gerne einen Milchreis («so richtige Pfludi») oder einen ganz gut gekochten Mais.

Sie wenden viel Zeit auf, wenn Sie in der Küche stehen?

Ja, sehr viel. Wenn wir Besuch haben, beginnt das am Morgen und geht, mit einer kurzen Mittagszeit, bis am Abend. Aber da ist dann das Holen des Efeus für die Tischdekoration dabei – und selbstverständlich brennt das Kaminfeuer, wenn die Gäste eintreffen.

Wann essen Sie am liebsten Ihre Hauptmahlzeit?

Am Mittag, obschon ich lieber am Abend essen würde. Aber es bekommt mir nicht gut.

Wie verfeinern Sie Ihre Gerichte?

Mit Butter, zum Leidwesen meiner Frau. Aber ich bin dafür, dass wir mithelfen, den Butterberg abzutragen. Wir haben uns zum Beispiel bei meiner selbstgemachten Züpfe auf 200 Gramm Butter geeinigt, gelegentlich ist es aber trotzdem etwas mehr.

Sie kochen nicht nur, Sie backen auch?

Meine Gäste bekommen zu dem Menü von mir gebackene Züpfe. Meistens mache ich zwei, um eine davon für uns einzufrieren. Vielfach bleibt aber auch von der zweiten nicht viel übrig…

Wie siehts bei den Getränken aus?

Zum Essen gibts bei uns Wein und Mineralwasser. Meine Frau bevorzugt den Bordeaux, ich den Burgunder. Zum Apéro trinke ich gerne einen Champagner mit etwas Orangensaft.

Welche Länderrangliste würden Sie bei der internationalen Küche erstellen?

China vor Italien. Die chinesische Küche liegt überhaupt nicht auf, die italienische hängt etwas mehr an... Bei meinem ersten Rendez-vous mit meiner heutigen Frau kochte ich bereits Spaghettis, von denen sie noch immer schwärmt (er ergänzt mit einem Seitenblick lachend, dass die Teigwaren vor Butter nur so trieften).

Sie lieben die Geselligkeit?

Und wie! Zum Beispiel beim wöchentlichen Jassabend mit Freunden im Carnozet. Hier haben wir alles, was das Herz begehrt und der Weinkeller ist bloss einige Treppenstufen tiefer.

Pflegen Sie dort Spezialitäten?

Ich denke, es sind ganz ordentliche Weine darunter... (sagt's und zieht eine Flasche Baron Rothschild aus dem Gestell).

Sie besitzen eine traumhafte Gartenanlage am See. Macht Ihnen die Pflege Spass?

Das ist aktive Erholung vom Geschäftsleben. Die Wege habe ich alleine angelegt und das aufgeschichtete Holz selber gespalten. Ich arbeite gerne im Garten.

Um dann auch Feste zu feiern?

Auf der gesamten Anlage sind mehrere Gartenhäuser verteilt. Jedes hat seinen eigenen

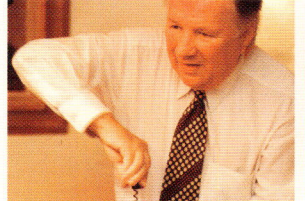  

Charakter und bietet die Möglichkeit für einen geselligen Abend. Die Infrastrukturen habe ich entsprechend ausgewählt.

Bauen Sie grosse Feste?

Das ist unterschiedlich. Kürzlich waren wir eine grosse Gesellschaft. Wir grillierten am See ein Spanferkel!

Sie gelten als perfekter und grosszügiger Gastgeber. Was ist daran typisch Walter Hauenstein?

Etwa, dass mir niemand angetrunken am Steuer das Areal verlässt. Für solche Fälle stehen in einem der Gartenhäuser Betten bereit.

«Ich liebe es, Gäste zu empfangen, ein Cheminéefeuer zu entfachen und vorher das Holz dafür selber zu spalten!»

Naturschutzgebiet Hohgant-Seefeld, Vorderes Seefeld, Habkern: Wagenmoos

EGLIFILETS & STEINPILZE

Rezept für 4 Personen

Walter Hauenstein

ZUTATEN

Fenchelsuppe

4 grosse Fenchel

Gemüsebouillon

1 guter Schuss Pernot

Rahm

Schnittlauch

Eglifilets mit Steinpilzen

600 g frische Eglifilets

1 Zitrone

Worcestersauce

2 Esslöffel Mehl

Salz, Pfeffer

Butter

60 g Zwiebeln

300 g frische Steinpilze

1 dl Weisswein

1 dl Gemüsebouillon

3 dl Vollrahm

Maizena

1 cl Cognac

1 Bund Petersilie, gehackt

Delikatess-Fischfond

ZUBEREITUNG

Fenchelsuppe

Fenchel klein geschnitten in Gemüsebouillon gar kochen, pürieren und durch ein Sieb passieren. Wenn nötig mit Bouillon etwas verdünnen. Kurz vor dem Servieren einen Schuss Pernot beigeben, in heisse Suppentasse füllen, geschlagener Rahm oben auf die Suppe geben, frischer Schnittlauch über den Rahm streuen und sofort servieren.

Eglifilets mit Steinpilzen

Eglifilets in fingerbreite Streifen schneiden. Die Eglistreifen mit dem Saft einer Zitrone und wenig Worcestersauce marinieren, danach gut abtropfen und mit Hauhaltpapier leicht abtupfen. Die Streifen mit wenig Mehl bestäuben und vorsichtig locker wenden. Butter in einer antihaftbeschichteten Bratpfanne heiss werden lassen, kurz bevor die Butter braun wird, die Eglistreifen ganz schnell anbraten und Farbe annehmen lassen (nicht zuviel miteinander anbraten, da sonst die Eglistreifen zerfallen). Mit Salz und Pfeffer aus der Mühle vor dem Fertigbraten würzen, den Fisch im vorgeheizten Ofen warmstellen.

Sauce

Butter in derselben Pfanne warm werden lassen und die feingeschnittenen Zwiebeln andünsten. Steinpilze waschen, rüsten, in Scheiben schneiden und mitdünsten. Weisswein dazugiessen und auf die Hälfte einkochen, Delikatess-Fischfond und Vollrahm dazugiessen und auf die Hälfte einkochen. Je nach Belieben die Sauce mit Weisswein verdünnen oder mit Maizena, gemischt mit Weisswein, verdicken. (Achtung: die Eglifilets mit dem Mehl verdicken die Sauce zusätzlich!) Den Fisch dazugeben und erwärmen lassen, ganz vorsichtig mischen, da sonst die zarten Eglistreifen zerbrechen. Vor dem Anrichten Cognac beigeben und mit gehackter Petersilie bestreuen.

Wein

Walter Hauenstein hat den nebenstehenden Wein aus seinem reichen Weinkeller für den Weintipp vorgeschlagen.

Weintipp

BARON DE L, FRANKREICH
Pouilly Fumé

Unternehmer, Gastronom, Fischer, Pilzsammler und Gourmet. Der leidenschaftliche Koch liebt das festliche Mal, wenigstens einmal am Tag. Dazu ein exklusiver Weisswein aus der Heimat des Sauvignon blanc.

MICHAEL VON GRÜNIGEN

Ein richtig schönes Stück Fleisch ist für den Skirennfahrer sowohl Luxus als auch Bedürfnis.

Haben Sie ein Lieblingsrezept?

Ich mag Teigwaren sehr gerne – und natürlich auch ein gutes Stück Fleisch. Aber mein eigentliches Lieblingsrezept ist der Spätzlieintopf. Meine Frau kocht dieses eher einfache Gericht ab und zu. Generell mag ich lieber die einfachere Küche.

Ist dies ein Rezept, welches Ihre Frau «in die Ehe einbrachte», oder entstand es mit der Zeit, gemeinsam?

Eigentlich kocht meine Frau, ich kann nicht kochen. Es reicht gerade mal für Spaghetti oder dergleichen. Meine Frau kocht aber sehr gut! Sie hat den Spätzlieintopf schon zu Beginn unserer Ehe gekocht. Das Rezept eignet sich auch sehr gut, wenn meine Frau mit den beiden Kindern alleine zu Hause ist.

Zur Not können Sie aber auch kochen?

Kleinere Mahlzeiten kann ich schon kochen. Aber ich bin sicher nicht der Typ Mann, welcher stundenlang in der Küche steht.

Legen Sie Wert auf eine gute Küche?

Ich esse natürlich sehr gerne gut, aber einfach. Besonders mag ich Desserts! Wenn ich mit meinen Skiteamkollegen unterwegs bin, haben wir meist nicht viel Zeit zum Essen. Zu Hause geniesse ich es, die Zeit mit meiner Familie zu verbringen. Deshalb gehen wir auch nicht oft aus und pflegen den Kontakt mit unseren Freunden eher im kleinen Kreis.

Trinken Sie auch ein Glas Wein zu einem guten Essen?

Eigentlich trinke ich kaum Alkohol und beim Wein kenne ich mich überhaupt nicht aus. Meine Frau mag ihn nicht und so trinke ich nur ab und zu ein Glas Wein, wenn wir mit Freunden oder der Familie zusammen essen. Ansonsten trinke ich nur Tee, Mineralwasser oder Rivella.

Wenn Sie die Gelegenheit zu einem geselligen Abend mit Freunden haben, welchen Stellenwert hat dieser?

Meist sind auch diese Anlässe eher einfach, kein Schnickschnack! In meinem Beruf muss ich des Öfteren an schicken und noblen Anlässen auftreten oder teilnehmen. Deshalb suche ich in meinem Privatleben das Einfache, Schlichte. Die Qualität eines Treffens mit Freunden hat deshalb auch in unserem Leben eine andere Bedeutung erhalten.

PERSÖNLICH

Michael von Grünigen, geboren am 11. April 1969, fühlt sich zwischen den Riesenslalomtoren wohler als in der Küche. Der Schönrieder Weltmeister gehört seit 13 Jahren dem Swiss Ski Team an. Er ist verheiratet und Vater von zwei Söhnen. Neben der Familie bleibt ihm kaum noch Zeit für andere Hobbys – doch sein grösstes hat er sich zum Beruf gemacht. Im Training steigt er mit seinen Kollegen gerne aufs Bike oder trifft sich zum Volleyballspiel.

Wie wichtig ist Ihnen das Essen?

Es gibt sicher Leute, die das Essen an und für sich mehr, ausgedehnter und gediegener gestalten als ich. Es ist sicherlich ein wichtiger Bestandteil für mich. Dies hängt aber nicht damit zusammen, dass ein Essen möglichst aufwändig oder auch teuer sein muss. Wenn ich mich für zwei Stunden an den Tisch setzen muss, um zu essen, finde ich dies sehr mühsam! Das ist nicht meine Welt.

Ernähren Sie sich als Spitzensportler anders als «normale» Menschen?

Beim Skifahren ist es nicht allzu wichtig, wie wir uns ernähren. Wir müssen uns auch nicht nach genauen Schemen richten. Wichtig ist eine ausgewogene Ernährung, dass genügend Kohlenhydrate gegessen werden. Dies ist vielleicht auch mit ein Grund, dass ich Teigwaren gerne mag. Ich achte einfach darauf, dass die Gewichtung zwischen Grundnahrungsmitteln, Gemüse und Fleisch stimmt. Damit hatte ich bisher Erfolg und werde meine Ernährungsart beibehalten. Zwischendurch gönne ich mir natürlich auch die eine oder andere Schlemmerei – ohne schlechtes Gewissen!

Sie sind ständig in irgendwelchen Hotels unterwegs – wie achten Sie dort auf Ihre Ernährung?

Meist sind wir in guten Hotels untergebracht, in welchen uns gutes und ausgeglichenes Essen serviert wird. Wenn es einmal nicht ganz so ideal ist, haben wir unseren Physiotherapeuten, der in der Küche interveniert und der Küchencrew Anweisungen und Anregungen gibt. In der Regel werden wir aber gut bedient. In letzter Zeit gab es natürlich den einen oder anderen Ort, speziell in Ex-Jugoslawien, an dem die Verpflegung zu wünschen übrig liess – aus verständlichen Gründen! Slowenien ist mittlerweile wieder in Ordnung. In Österreich, Deutschland und Frankreich ist das Essen sowieso immer gut. Am mühsamsten ist es in Amerika! Die können schlicht und einfach nicht kochen! Amerikaner kennen ihren Fastfood und sonst nichts. Kaufen kann man alles, was das Herz begehrt – die Supermärkte sind voll mit gesundem und schönem Gemüse – aber sie können es nicht zubereiten!

«Zwischendurch gönne ich mir die eine oder andere Schlemmerei – ohne schlechtes Gewissen»

Meist kochen wir deshalb auch selber. Während den Trainingswochen im November kauften wir selber ein und kochten auch selber. Ansonsten würde man dort glattweg verhungern!

Haben Sie während Ihren Reisen Ihr Herz an eine spezielle Küche verloren?

Hier in der Schweiz sind wir durch die Qualität und die Vielfalt des Essens verwöhnt. Das schätze ich sehr. Kulinarisch bin ich sicher kein Kosmopolit. Nur wegen des Essens alleine würde ich nirgendwo hin fahren. Ich interessiere mich aber sehr für fremde Länder und Leute. Dabei versteht es sich auch von selber, dass ich mich ihrer Kultur anpasse. In Norwegen esse ich zum Beispiel fast ausschliesslich Lachs – den mag ich sehr gerne.

Achten Sie auf die Qualität der Lebensmittel?

Eigentlich schon. Wenn ich zu Hause bin, gehe ich auch gerne einkaufen. Fleisch und Ziegenkäse kaufen wir immer bei der Familie meiner Frau, sie haben einen Bauernhof und produzieren selber. Das Gemüse zieht meine Frau zum grössten Teil im eigenen Garten. Ansonsten achten wir darauf, möglichst beim lokalen Gewerbe einzukaufen. Käse kaufen wir hier in Schönried bei unserem Käser – Mutschli und andere Sorten.

Was verstehen Sie unter kulinarischem Luxus?

Ein richtig schönes Stück Fleisch ist für mich sowohl Luxus als auch Bedürfnis. Das esse ich aber hauptsächlich, wenn wir ausgehen. Zum Luxus gehört auch das Schokoladen-Mousse

aus der Molkerei Schönried! Es ist einzigartig, und ich gönne mir dies gerne ab und zu! Tiramisù gehört auch noch auf die Liste meiner Favoriten.

Pflegen Sie Rituale rund ums Essen?
Ich habe meine Eltern sehr früh verloren und hatte deshalb nicht viel Gelegenheit, Traditionen zu übernehmen. Aber aus der Familie meiner Frau haben wir Rituale übernommen wie den «Grittibänz» am Nikolaustag oder Lebkuchen mit Rahm an Weihnachten. Im Moment zählen die Zeiten, in denen ich zu Hause bin als eigentliches Fest. Gerade an Weihnachten komme ich oft erst am ersten Feiertag nach Hause und dann ist es mir wichtig, mit der Familie zusammenzusein.

«Das Schokoladen-Mousse aus der Molkerei Schönried ist einzigartig»

Blick vom Haltenwald (zwischen Schönried und Saanen) ins Saanenland mit Gruben, Gstaad und Aebnit

SPÄTZLI-EINTOPF

Rezept für 4 Personen

Michael von Grünigen

ZUTATEN

Spätzli-Eintopf

1 kg Fertig-Spätzli

150–200 g Schinken (oder Speck, Restenfleisch nach Belieben)

3 Tomaten in kleine Würfel geschnitten

4 gehäufte Esslöffel Sprinz oder Parmesan (gerieben)

1 dl Vollrahm

Glacecoupe Baileys

500 g Vanille-, Stracciatella- oder Schokoladenglace

2 dl Rahm

Baileys nach Belieben

ZUBEREITUNG

Spätzli-Eintopf

Spätzli anbraten, Schinken in Würfel geschnitten beifügen, Tomaten dazugeben.

Nach Belieben würzen mit frischen Kräutern, Pfeffer, Knoblauch. Geriebener Käse darüber streuen und gut durchmischen. Am Schluss mit Rahm übergiessen.

Noch kurz (ca. 2 bis 3 Minuten) weiter dämpfen und ziehen lassen.

Dazu einen schönen, gemischten Saisonsalat servieren.

Glacecoupe Baileys

Vanille-, Stracciatella- oder Schokoladenglace mit Schlagrahm in Coupeglas dekorieren, dann mit Baileys übergiessen.

Weintipp von Klaus Schilling

PINOT NOIR, CHÂTEAU D'AUVERNIER, Getränkehandel

Als Einstieg in die Welt des Weines einen fruchtigen Neuenburger, geeignet zum Spätzli-Eintopf und zum Training der Gaumenmuskeln.

KLAUS SCHILLING

Der Weinbauer und Weinkenner isst sehr gerne und mag es sehr, wenn ein Essen zelebriert wird.

Klaus Schilling, welches ist Ihr Lieblingsrezept?
Eigentlich kann ich eine ganze Liste nennen. Aber eines meiner favorisierten Gerichte sind Brättätschli.

Hat dieses Rezept für Sie eine Geschichte?
Es ist ein typisches Kindheitsrezept, mit welchem meine Mutter mir immer eine grosse Freude bereiten konnte.

«Ich esse sehr gerne zusammen mit Freunden»

Handelt es sich dabei um ein Rezept, das in Ihrer Familie von Generation zu Generation weitergegeben wurde?
Ob es überliefert worden ist, weiss ich nicht. Es hat in unserer Familie insofern Tradition, weil es aus einer schwierigen Zeit stammt. Es gab bei uns lediglich am Sonntag für alle Fleisch. Der Vater bekam dann am Montag noch die Resten davon zu essen. Dann gab es erst am Mittwoch wieder Fleisch. Die Brättätschli sind so ein Mittwochsrezept. Offenbar war es günstiges Fleisch, welches mit Haferflocken und anderem gestreckt werden konnte, aber ich mochte dieses Rezept immer sehr gerne.

Ist Fleisch heute noch ein grosses Thema für Sie?
Fleisch ist für mich wichtig. Aber ich kann auf keinen Fall jeden Tag Fleisch essen. Es gibt in meiner Verwandtschaft Leute, welche immer noch jeden Tag Fleisch essen – das brauche ich nicht.

Kochen Sie selber auch?
Nein.

Auch keinen Kaffee?
Dafür haben wir eine Maschine! Nein, in seltenen Fällen, wenn meine Frau krank ist zum Beispiel, schaffe ich es gerade noch, ein paar Teigwaren und ein Plätzli zuzubereiten!

Aber Sie essen gerne?
Sehr gerne! Ich esse sehr gerne mit Freunden zusammen oder mit neuen, unbekannten Menschen, welche ich erst einmal kennenlernen kann. Dabei ist mir auch schon passiert, dass ich mit unbekannten Menschen zusammengesessen bin, welche völlig ablehnend reagierten. In Basel zum Beispiel, als ich mit einem Tisch voller Chemie-Direktoren zusammengetroffen bin und diese gemeint haben, dass sie mit so einem wie mir nicht reden wollten. Wir haben den ganzen Abend kein Wort gewechselt! Zweimal jährlich gehe ich mit dem Ordre de la Channe essen. Das ist jedesmal ein kulinarischer Höchstgenuss,

PERSÖNLICH

Klaus Schilling, eben erst in den Reigen der 50-Jährigen aufgenommen, ist verheiratet mit seiner Frau Michèle und den Spiezer Reben.
Bevor der Reb- und Kellermeister sich den Trauben zuwandte, war er Bauer, biologischer Laborant und Sozialarbeiter in einem Heim für schwer erziehbare Jungen. In der Freizeit fährt Klaus Schilling gerne Ski, bastelt an der Modelleisenbahn oder unternimmt Reisen. Vor allem verbindet er diese gerne mit Besuchen von Weinkellern anderer Gebiete.

tolles Essen, ausgezeichnete Weine, passend zu jedem Gang und äusserst angenehme Kontakte.

Essen ist für Sie ein gepflegter kulinarischer Akt. Wie gross ist die Bedeutung bezüglich der sozialen Kontakte?

Ich mag es sehr, wenn ein Essen zelebriert wird. Aber leider habe ich wenig Zeit dafür. Normalerweise beschränkt sich die tägliche Ernährung auf eine Stunde am Mittag. Dies betrachte ich nicht als Esskultur.

Wurden in Ihrer Familie Traditionen oder Rituale rund ums Essen vermittelt?

Es existiert tatsächlich ein sehr lustiges Ritual. Am 24. Dezember, nach der Mitternachtsmesse, gab es immer «Fidelisuppe»!

Selbst gemachte?

Schon, ja, aber nicht von mir! Ich würde es gerne können, aber mir fehlt ganz einfach die Grundschule fürs Kochen!

Im Grunde genommen wäre der Wille da?

Doch, wenn ich mit einigen Kollegen eine Kochgruppe gründen könnte, welche meinen Wissensstand in Sachen Kochen hätte, dann würde ich dies tun. Das würde mir Spass machen. Bei uns zu Hause waren die Küchenarbeiten leider nur «Ämtlischiebereien» und deshalb habe ich wahrscheinlich in jüngeren Jahren auch kein Bedürfnis danach gehabt, das Kochen zu lernen. Wir mussten zu Hause immer Abwaschen, die Küche und Schuhe putzen. Aus heutiger Sicht über Erziehung schaue ich dies nicht als schlecht an, aber es hat mir sicher nicht den Anreiz vermittelt, kochen lernen zu wollen!

Ihre Qualitäten liegen also in einem anderen Bereich! Ist Einkaufen für Sie ein Thema?

Dies in einem kleinen Geschäft zu tun, ist durchaus ein Thema. Gar kein Thema ist das Durchrennen eines Supermarktes mit dem Einkaufswagen! Diese Art von Einkauf empfinde ich als äusserst aggressiv. Der Kampf, wer zuerst die Ware auf das Laufband legen kann, gewinne ich sowieso nie! Deshalb gehe ich, wenn überhaupt, in die kleineren Fachgeschäfte im Ort.

Kaufen Sie mit Einkaufszettel ein oder intuitiv?

Ich gehe selten einkaufen, aber wenn, dann kaufe ich eher intuitiv ein und bringe sicher doppelt so viel nach Hause wie vorgesehen! Dabei ist für mich die Qualität sehr wichtig. Ich bin natürlich auf den Zusammenhang von Qualität und Produktionskosten sensibilisiert. Ich erschrecke immer wieder darüber, dass ich Waren einkaufe, welche ich als günstig betrachte, die es aber nicht sind. Im Weinsektor meide ich jeweils die Produkte, deren Preis die Produktionskosten sicherlich nicht decken. Dieses Bewusstsein habe ich.

Der Weinkauf ist für Sie in den meisten Geschäften tabu?

Ich sehe mich gerne um, was alles im Angebot ist, aber ich habe mit der Preispolitik meist Mühe. Die billigen Weine können nur deshalb so günstig angeboten werden, weil sie meist fremdfinanziert werden. Es ist sicher nicht weniger Arbeit, welche hinter der Produktion eines billigen Weines steckt! Dasselbe gilt aber auch für andere Angebote, dem Fleisch zum Beispiel. Bevor ich Weinbauer wurde, war ich Bauer. Deshalb kenne ich auch die Abläufe und die Arbeit, die hinter den Produktionen stecken.

Wie kauft der Rebmeister von Spiez den Wein für seinen eigenen Weinkeller?

Es gibt zwei Aspekte. Einer ist die Person, die hinter dem Weinetikett steckt, die mich interessiert oder fasziniert. Beispielsweise ein Kollege oder eine Kollegin, die ich als sehr interessant empfinde. Oder wenn ich in die Ferien fahre, einen Ausflug mache, eine Reise organisiere und rekognosziere, dann steht für mich die Region im Mittelpunkt. Der kalifornische Wein war bis ein Jahr nach meiner Reise nach Kalifornien die Nummer eins für mich. Danach hat sich diese Vorliebe etwas gelegt, und es waren wieder vermehrt die italienischen Weine, die nach einer Italienreise bei mir im Trend waren.

Gehe ich nach Frankreich, geschieht dasselbe mit Weinen aus den besuchten Regionen. Einer der treusten Weine, die ich immer wieder in meinen persönlichen Weinkeller lege, ist der argentinische Rotwein. Das kommt auch daher, weil die Repräsentantin dabei ihre Heimat derart sympathisch verkauft, dass dieser Wein bei mir einen besonderen Stellenwert erhalten hat. Mittlerweile bereichere ich auch den einen oder anderen Anlass mit argentinischen Weinen. Das Land selbst kenne ich leider noch nicht, es ist etwas weit weg!

Suchen Sie den Wein passend zum Essen aus oder umgekehrt?

Eigentlich bin ich gar kein typischer Weinbauer. Ich stamme aus einer Familie, in welcher nur an hohen Feiertagen Wein getrunken wurde. Zu einem Essen suche ich den Wein erst auf Bitte meiner Frau aus und dann eher in experimentierfreudiger Manier! Wenn ich einmal daneben greife, kann auch ein Negativerlebnis positiv werden. Der Charakter eines Weines interessiert mich jedesmal neu. Zusammen mit einem Essen entwickelt sich jeder Wein anders. Ein Fondue mit Rotwein ist ein empfehlenswertes Erlebnis! Bei Degustationen beispielsweise kann sich kein Mensch zum soeben als «sauer» empfundenen Wein das Kotelett dazu denken – ein grosser Fehler!

Welche Bedeutung hat für Sie kulinarischer Luxus?

Kulinarischer Luxus sind für mich Gerichte, welche in meinen Augen nicht auf den Tisch gehören! Krokodil, Froschschenkel oder Ähnliches. Auch wenn man heute die Gelegenheit hat, Tiere speziell dafür aufzuziehen. Es hat auch etwas damit zu tun, wie die Tiere getötet werden. Aus diesem Blickwinkel ist für mich kulinarischer Luxus eher negativ behaftet. Ich habe aber keine Mühe mit

dem Verzehr von Pferdefleisch, Rind usw. Der Unterschied zwischen Kuh und Pferd besteht für mich nur in der optischen Betrachtung. Es gibt auch herzige Kühe!

Gibt es für Sie Gerichte, welche Sie besonders gerne mögen – Ihren persönlichen Luxus?

Ein New-York-Steak am Bahnhof von Calistoga! Dafür würde ich sogar wieder in den Flieger steigen und nach Amerika fliegen! Der Luxus besteht jedoch vor allem in den Reisekosten dorthin!

«Ein Fondue mit Rotwein ist ein empfehlenswertes Erlebnis»

Ist für Sie Luxus an das Erlebnis gebunden, zusammen mit gutem Essen und Gesellschaft?

Sicher, eine solche Situation ergibt sich nicht von selbst und ist eher selten!

Gibt es etwas, das Sie nicht mögen?

Kümmel – damit kann man mir den Tag verderben! Oder Kefen mit Fäden – da ersticke ich daran!

Wie siehts aus mit Nachspeisen?

Ja! Deswegen brauche ich im nächsten Jahr wahrscheinlich schon wieder ein paar neue, taillierte Skier. Wenn ich umfalle, komme ich kaum mehr hoch! Ich liebe Süsses – in allen Variationen! Von der gewöhnlichen Schokolade bis zum aufwändigen Dessert – Hauptsache süss! Dunkles Mousse au chocolat mit Weinbrand oder Marc liebe ich über alles! Das Beste gibt es in Würenlingen in einer Landbeiz. Bisquitkuchen mit Apfelschnitzen, Wähen (Kuchen) jeder Art mag ich auch sehr.

Spiezberg, Reben oberhalb dem Schloss

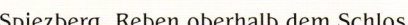

BRÄT-TÄTSCHLI & SPIEZBERGCREME

Rezepte für 4 Personen

Klaus Schilling

ZUTATEN

Brät-Tätschli

400 g Kalbsbrät

1 fein geraffelte, grosse Kartoffel

3 EL Petersilie gehackt

4 EL Haferflocken

1 Ei

Salz, Pfeffer, Paprika

Mehl

Olivenöl

Madeira

Gemüsebouillon

Rosmarin

Paprika

Frisch geschnittene Champignons

Etwas gehackte Petersilie

Chlöisus Spiezbergcreme

3 dl Traubensaft weiss

½ Zitrone, abgeriebene Schale und 1 EL Saft

3 Eier

2–3 EL Zucker

2–3 EL Spiezer Marc

1½ dl Rahm

ZUBEREITUNG

Brät-Tätschli

Brät, Kartoffel, Petersilie, Haferflocken, Ei, Salz, Pfeffer und Paprika mischen und mit zwei Esslöffeln zu Tätschli formen, in Mehl wenden. Mit wenig Olivenöl bei guter Mittelhitze anbraten und mit einem Schuss Madeira ablöschen.

Gemüsebouillon, Paprika und Rosmarin dazugeben. Ca. 20 Minuten köcheln lassen, dabei die Tätschli 2- bis 3-mal wenden.

Frisch geschnittene Champignons sowie nochmals etwas gehackte Petersilie beigeben.

Abschmecken und auf kleinem Feuer während weiteren 5 Minuten köcheln lassen.

Chlöisus Spiezbergcreme

Creme: Alle Zutaten bis und mit Zucker in einer Chromstahlpfanne mit dem Schwingbesen gut vermischen, dann bei mittlerer Hitze unter ständigem Rühren bis vors Kochen bringen. Pfanne vom Feuer nehmen und zwei Minuten weiterrühren. Auskühlen lassen.

Verfeinern: Spiezer Marc daruntermischen. Rahm steif schlagen und unter die Masse ziehen. Vor dem Servieren 2–3 Stunden kühl stellen.

Vorbereiten: Die Creme kann einen Tag im Kühlschrank aufbewahrt werden.

Weintipp von Klaus Schilling

LEON DE UNZUÉ, MALBEC
Vinos Argentinos, Lydia Zuberbühler, Bern

Dieser Traum von Ferien vereint sich hervorragend mit dem Traum der Kindheit. Seltene Weinsorte aus einem der höchsten Weinberge der Welt.

HANS-UELI VON ALLMEN

Am Samstag und Sonntag steht der Thuner Stadtpräsident regelmässig in der Küche und verwöhnt seine Gäste mit mehrgängigen Menüs.

Kochen Sie viel?

Ja, am Samstag und Sonntag regelmässig. Wenn wir während der Woche Gäste haben, teilen sich meine Frau und ich die Arbeiten. Es macht mir nichts aus, ab Samstag Mittag in der Küche zu stehen, damit am Abend ein kreatives Menü serviert werden kann. Da ich nicht bastle oder sonst handwerklich arbeite, ist Kochen die einzige Tätigkeit, bei der ich mit den Händen kreativ sein kann.

Seit wann kochen Sie schon?

Wahrscheinlich hat es bei den Pfadfindern begonnen. In den Lagern gab es immer Begabte und weniger Begabte – und ich gehörte zur ersten Gruppe. Dort lernte ich sicher keine Feinheiten, aber vor allem für eine grössere Anzahl Personen zu kochen.

Haben Sie Jugenderinnerungen im Zusammenhang mit Essen?

Die in den 50er Jahren verbreitete «Apfelrösti» und die verschiedenen Breie mit Kompott habe ich in schlechter Erinnerung. Dagegen standen die caramelisierten Dampfnudeln der Grossmutter hoch im Kurs.

Ihr Lieblingsrezept ist Risotto. Stammt das aus Ihrer Zeit bei den Pfadfindern?

Nein. Ich liebe die italienische Küche generell und Risotto im Speziellen.

Würden Sie sich als Gourmet bezeichnen?

(zögert) Hmm, nein. Da würden einige auf den Stockzähnen lachen, wenn ich das bejahen würde. Ich mag ebenso gerne etwas Rustikales, esse fürs Leben gerne Blut- und Leberwürste oder Rösti und «Leberli».
Der Schnick-Schnack mit sieben Garnituren auf dem Teller sieht zwar fürs Auge gut aus, und ich kann ihm durchaus etwas abgewinnen, aber so richtig freudvoll esse ich lieber etwas, das «Händ u Füess» hat.

Essen Sie gerne auswärts?

Ich esse lieber zu Hause. Ich darf und muss so viel auswärts essen, dass ich es zunehmend schätze, die Mahlzeiten daheim einzunehmen, wo ich dann auch etwas linienbewusster esse.

Welchem Leckerbissen können Sie nicht widerstehen?

(studiert lange) Eigentlich weiss ich gerade nichts Herausragendes – ausser, dass ich fürs Leben gerne «Brönnti Creme» esse, aber das darf mein Arzt auf keinen Fall lesen…

PERSÖNLICH

Hans-Ueli von Allmen, der Thuner Stadtpräsident und alt Nationalrat, ist am 6. März 1946 geboren. Seine grosse Passion gilt der Pflege seines Schweizerischen Cabaret-, Chanson- und Pantomimenarchivs. Für seine Verdienste erhielt der in Gwatt bei Thun Wohnhafte von der Universität Freiburg den Ehrendoktortitel zugesprochen.
Als kleinere Hobbys nennt Hans-Ueli von Allmen das Lesen von Zeitungen und der Küchendienst an den Wochenenden.

«Beim Kochen experimentiere ich gerne und probiere Neues aus»

Leisten Sie sich zwischendurch einen kulinarischen Luxus?

Ja, ich überborde zwischendurch gerne, auch wenn ich genau weiss, dass ich nicht sollte. Aber ich gebe mir Mühe, dies im Rahmen zu halten.

Worauf legen Sie in Ihrer Küche besonderen Wert?

Ich bevorzuge mehrgängige Menüs. Für besondere Anlässe, zum Beispiel an Weihnachten und Silvester, kreiere ich Fünf-, Sechs- oder Siebengänger. Ich lege dabei Wert darauf, dass die Gänge schön präsentieren und liebevoll hergerichtet sind.

Schauen Sie bei den Zutaten auf ihre Herkunft?

Es gibt Sachen, die ich nicht kaufe. Ich würde beispielsweise nie Entenleber oder Froschschenkel verwenden. Natürlich schauen wir auf die Herkunft der Produkte, aber ich mache mir auch nichts daraus, mal eine exotische Frucht zur Dekoration zu kaufen, obschon es viele und schöne Schweizer Früchte hat. Frischprodukte beziehen wir neuerdings nach Möglichkeit beim benachbarten Bauern. Meine Frau Anita erledigt den Einkauf, ich bin für den Einkaufszettel zuständig und meistens nur dabei, wenn's ums Schleppen geht.

Gibt es immer etwas Spezielles wenn Sie in der Küche stehen?

Nein, ich koche auch Gerichte, die banal sind, die ich aber im Restaurant nicht erhalte. Manchmal sind es auch spontane Sachen, die mir zum Beispiel beim Einkauf ins Auge springen oder die ich in einer Zeitung sehe und gerne nachkoche.

Begeistern Sie exotische Gerichte?

Wenn ich die Wahl habe, sicher nicht. Ich ziehe ein Geschnetzeltes mit «Leberli» Känguruh- oder Krokodilfleisch vor. Beim Kochen bin ich für Experimentelles schon eher zu haben, da probiere ich gerne etwas Neues aus. Wenn ich ein Produkt sehe, das ich kenne, und ich mit diesem etwas «Gluschtiges» kreieren kann, probiere ich es aus.

...und wie steht es mit Fisch?

Die Fischküche ist mir völlig fremd. Das kommt daher, dass mir Fisch nicht speziell schmeckt, und ich auch enorm Mühe hätte, einen Fisch ansprechend zu kochen, so dass er einem Besucher vorgesetzt werden könnte. Dafür kenne ich verschiedene Variationen von italienischen Rezepten mit Kaninchen und versuche damit immer wieder Neues. ■

RISOTTO UND PICCATA

Rezept für 4 Personen

Hans-Ueli von Allmen

ZUTATEN

Gemischter Salat

Grüner Kopfsalat

Tomaten

Peperoni

Mais

Italienische Sauce mit Olivenöl, Balsamico und Salz

Risotto

1 Zwiebel

2–3 Knoblauchzehen

2 Tassen Reis (Vialone)

1 dl Weisswein

4 Tassen Bouillon

Salz und Pfeffer

1 1/2 dl Rahm

2 EL geriebener Parmesan

Piccata

8 Kalbsschnitzel à ca. 80 g

Zitronensaft

Streuwürze

Etwas Mehl

Salz und Pfeffer

2–3 Eier

60 g Parmesan

ZUBEREITUNG

Gemischter Salat

Italienischer, gemischter Salat mit grünem Kopfsalat, Tomaten, Peperoni und Mais. Gutes Olivenöl und Balsamico sowie etwas Salz für die Sauce verwenden.

Risotto

Eine gehackte Zwiebel in heissem Olivenöl anbraten, zwei bis drei gepresste Knoblauchzehen beigeben, zusammen mit dem Reis (Vialone) andämpfen. Mit dem Weisswein ablöschen und etwas einkochen lassen. Vier Tassen Bouillon beigeben und leicht köcheln lassen. Salz, ein wenig Pfeffer zufügen und nach ca. 20 Minuten ohne zu rühren vom Herd nehmen. 1 1/2 dl Rahm dazu giessen und Parmesankäse darunterziehen. Nochmals leicht aufkochen und servieren.

Piccata

Je zwei Kalbsschnitzel pro Person mit ein wenig Zitronensaft beträufeln und mit Streuwürze würzen. Die Schnitzel aufeinandergelegt «ziehen» lassen. In einen Plastiksack mit Mehl, Salz und Pfeffer je vier Schnitzel hineingeben und gut durchschütteln, bis alle gleichmässig Mehl angenommen haben.

Eier und Parmesan zusammen verklopfen, die Schnitzel darin wenden und im heissen Bratöl gold-gelb braten. Eine Platte mit Butter bestreichen und die Piccata bis zum Servieren im Ofen warm halten.

Weintipp
von Klaus Schilling

PINOT BIANCO AUS DEM VENETO

Die Herbheit des Weissweines aus dem Veneto ist wie geschaffen, den Risotto zu einem Ferienandenken zu komponieren.

EMANUEL BERGER

Der Hotelier mag die unkomplizierte und gradlinige italienische Küche und schaut auch gerne verschiedenen Köchen in den Kochtopf.

Haben Sie als Hotelier ein Rezept, an welches Sie Ihr Herz verloren haben?

Am allerliebsten habe ich etwas Käse, dunkles Brot und dazu ein Glas guten Wein. Für mich gibt es nichts Besseres. Im Besonderen liebe ich rassige Käsesorten wie Roquefort, Gorgonzola oder Mascarpone aber auch einen würzigen Schweizer Hartkäse verzehre ich gerne.

Hat diese Vorliebe eine Geschichte?

Eigentlich nicht, es ist die Einfachheit der Dinge, die mich besonders anspricht.

Gibt es Rezepte, welche Sie von Kindesbeinen an begleitet haben und die heute noch angenehme Erinnerungen wecken?

Ich mag feines, gutes Essen. Durch meine Arbeit in der Gastronomie habe ich einen professionellen Bezug zum Essen und zu Rezepten. Aus meiner Jugendzeit sind mir Gerichte in Erinnerung, die ich mir ab und zu von meiner Mutter gewünscht habe. Während meiner Laufbahn habe ich aber einen Geschmackswandel durchlebt. Früher mochte ich sehr raffinierte Gerichte, heute jedoch liebe ich ausgesprochen einfache Menüs, Hausmannskost eben. Einen sauren Braten empfinde ich heute als etwas phantastisch Gutes! Geschnetzeltes, nur ganz kurz angebraten und mit einer kleinen, unkomplizierten Sauce – herrlich! Früher mochte ich die französische Küche sehr, dagegen sind heute die italienische und chinesische Küche meine Favoriten.

Weshalb gerade die chinesische Küche?

Ich bin viel gereist und habe Verwandte in Hongkong. Die chinesische Küche ist eine sehr spontane und schnelle Küche und ist im Grunde genommen der italienischen ähnlich, nur werden dort viel weniger frische Kräuter und Pasta verwendet. Die Gerichte sind schnell zubereitet und gerade deshalb auch sehr bekömmlich.

Sie leben in einer Ambiance, welche für viele Menschen aussergewöhnlich ist. Wie leben Sie im Alltag und welche kulinarischen Anforderungen stellt ihr Beruf an Sie?

Durch die ständig wechselnden Gäste ist für mich der Kontakt mit meiner Familie äusserst wichtig. Ich gebe mir Mühe, möglichst alle drei Mahlzeiten bei uns zu Hause einzunehmen. Wir leben ausserhalb des Hotels sehr normal, wie alle anderen eben auch. Die Art Küche die wir anbieten, könnte ich gar nicht jeden Tag essen. Über längere Zeit sind diese gehaltvollen Mahl-

PERSÖNLICH

Emanuel Berger, Jahrgang 1941, verheiratet, eine Tochter und ein Sohn. Seine Hobbys gelten dem Haus am See, der Pflege des Rasens und dem Grillieren im Freien.
Als sportlicher Ausgleich treibt der Hotelier im Sommer Wassersport, im Winter fährt er leidenschaftlich Ski.
Emanuel Berger ist seit 30 Jahren Direktor im «Hotel des Jahres 2000», im Hotel Victoria-Jungfrau in Interlaken.

zeiten zu üppig. Vielleicht ist dies eben gerade der Grund, weshalb ich die ganz «normale» Hausmannskost vorziehe. Ich würde dies «déformation professionnelle» nennen. Der Geschmack und die Einstellung gegenüber den Anforderungen an das eigene Essen verändert sich über die Jahre.

Sind Sie darauf bedacht, Rituale und Rezepte in Ihrer Familie weiterzugeben?

Die Aufgabenteilung ist so, dass ich in unserer Freizeit das Grillieren in unserem Refugium am See übernehme! Von Fleisch bis zu Fisch bereite ich für meine Familie und für Freunde alles mögliche zu. An Weihnachten bereiten wir immer ein schönes Buffet vor, an welchem sich dann alle selbst bedienen können. Auch unsere Kinder schätzen dieses Arrangement sehr. So haben wir dann auch Zeit füreinander und müssen nicht allzu lange während der Feier in der Küche stehen!

Was bedeuten diese Familienfeste für Sie?

Es geht bei diesen Gelegenheiten weniger ums Essen, als darum zusammen zu sein, miteinander zu reden und sich zu erzählen, was einem gerade beschäftigt. Mit unseren Freunden treffen wir uns jede Woche zum gemeinsamen Nachtessen und geniessen diese Runden sehr. Der soziale Austausch ist für mich sehr wichtig.

«Heute ziehe ich es vor, einfach zu essen»

Sie werden tagtäglich mit exquisiten Speisen verwöhnt. Gibt es für Sie noch einen kulinarischen Luxus, den Sie sich gönnen und den Sie geniessen?

Zwischendurch gehe ich in andere Hotels und Restaurants – was natürlich wieder professionelles Interesse ist – aber es ist heute nicht mehr das höchste der Gefühle, ständig in einem Mehrsternehotel zu essen. Heute ziehe ich es vor, einfache Gerichte zu essen.

Betreiben Sie so auch etwas Spionage und schauen Sie den Köchen in den Kochtopf?

Ja, das kann schon mal zu einem Erlebnis werden. Für mich wirkt das umfangreiche und aufwändige Kochen, wie es die französische Küche teilweise verlangt, beinahe schon störend. Deshalb mag ich die italienische, unkomplizierte

und gradlinige Küche besser. Lieber etwas «Ehrliches», Grundsätzliches, bei welchem der ursprüngliche Geschmack herauskommt!

Kann man Emanuel Berger mit einer schönen Berner Rösti begeistern?

Absolut! Eine schön goldgelb gebratene Rösti ist etwas Tolles. Mich kann auch ein Teller Pasta mit einer frischen Tomatensauce begeistern! Das alles ziehe ich einem Entenbrüstchen an einer Orangensauce allemal vor.

Kann man Sie mit Süssigkeiten locken?

Nein! Mein Wunschmenü besteht aus drei Premiers: Risotto, Tagliatelle und sonst noch was in die Richtung. Ich mag Süsses nur ab und zu, wenn mir gerade danach ist, es muss für mich nicht zwingend dabei sein. Nach einem guten Essen ziehe ich es vor, zwei schöne Espressi zu trinken! Wenn ich mich entscheiden müsste zwischen einem zweiten Entrée oder einem Dessert, würde ich auf jeden Fall das Dessert weglassen.

Haben Sie überhaupt Zeit dazu, Ihre Lebensmittel einzukaufen?

Nein, leider nicht! Es ist eher selten, dass ich die Zeit finde, einkaufen zu gehen. Wenn wir jedoch in den Ferien sind, besonders an Orten wo sich ein Markt befindet, dann sehr gerne! Da stelle ich immer wieder fest, dass die Anforderungen der Einheimischen an die Qualität der Lebensmittel viel höher sind. Kräuter, Gemüse, Fisch oder Fleisch müssen frisch sein und werden meist innert Stunden weiterverwertet. Spanien, Frankreich oder Italien haben wunderschöne Märkte, auf welchen ich meine Zeit herrlich verbringen kann.

Ist Essen für Sie zu einer Kultur und zur Lebensphilosophie gewachsen?

Ja, es ist für mich jedes Mal eine Erholungsphase. Das Zusammensitzen und miteinander sprechen, philosophieren und sich über Gott und die Welt unterhalten, sind für mich sehr wichtig. Als Hotelier hat man keine eigentliche Arbeitszeit, sondern ist einfach anwesend. Ich versuche, möglichst nie mit meinen Gästen zu essen. Das

«Eine schön goldgelb gebratene Rösti ist etwas Tolles»

braucht sehr viel Zeit, und ich müsste dann selbstverständlich allen Gästen denselben Anspruch erfüllen. Ich möchte den Kontakt zu den Gästen weiterhin auf diesem Niveau halten. Frontkontakt ist etwas sehr Schönes, Aufbauendes. Aber man muss sich auch etwas entfernen können. Gespräche mit meiner Familie hingegen sind reine Erholung, und wir tauschen uns auf eine sehr lockere und unkomplizierte Art und Weise aus.

Was bedeutet das Hotel Victoria-Jungfrau für Sie?

Es ist zweifelsohne ein grosser, bedeutender Teil meines Lebens! Ich war 29 Jahre alt, als ich als Direktor in dieses Hotel kam und habe in den vergangenen dreissig Jahren viel erlebt. Meine Sturm- und Drangjahre konnte ich in einer sehr günstigen und positiven Zeit umsetzen!

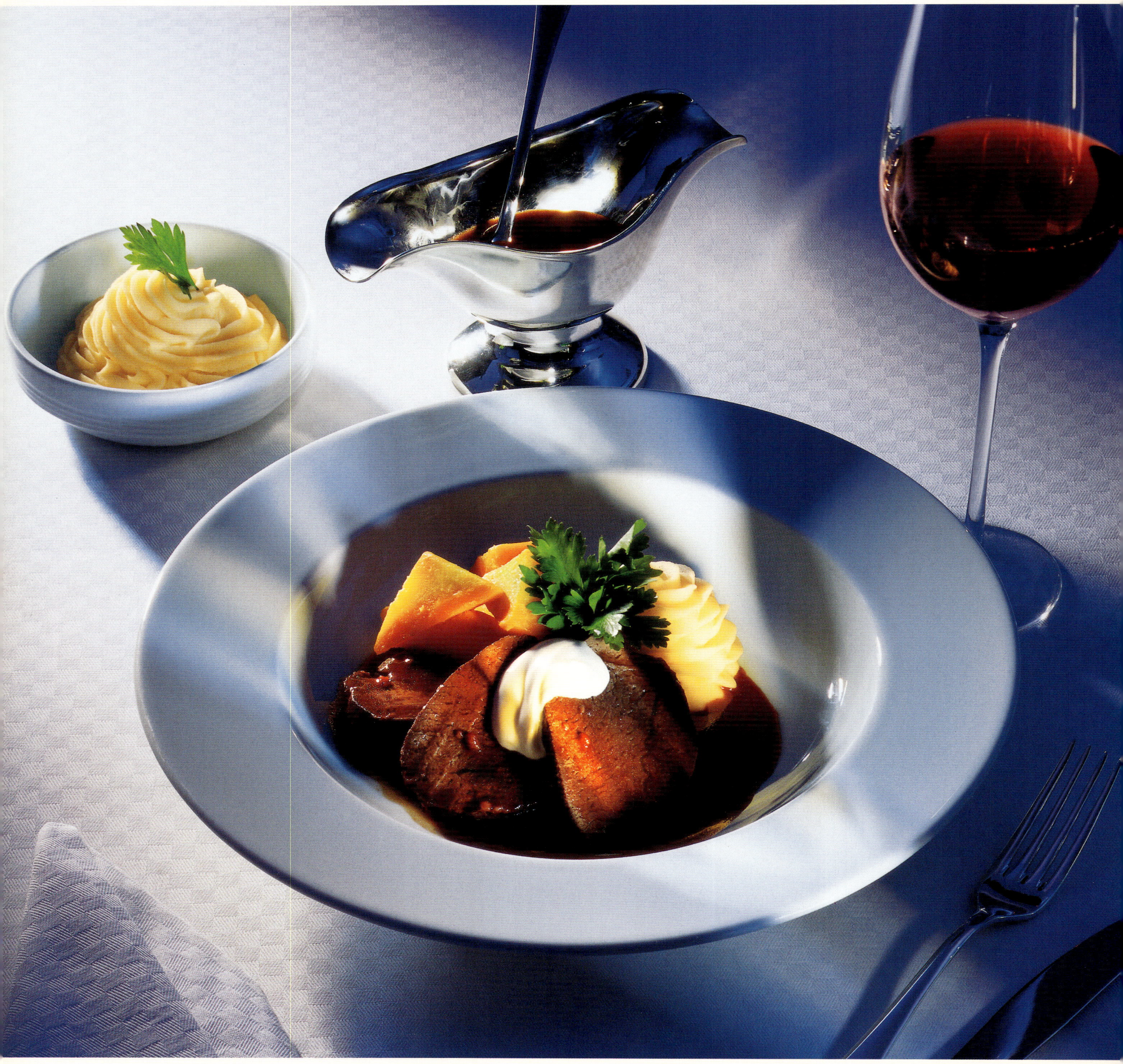

SCHMORBRATEN MIT KARTOFFELKNÖDEL

Rezept für 4 Personen

Emanuel Berger

ZUTATEN

Schmorbraten

1 kg Rindfleisch

½ Zitrone

1 Karotte

1 Lorbeerblatt

2 Nelken

2 dl Wein

½ dl Essig

½ l Rindsbouillon oder Fond

Speckscheiben

Zwiebeln

Brotrinde

½ dl Sauerrahm

Kartoffelknödel

500 g Kartoffeln (Schalenkartoffeln) gekocht

2 Eier

100 g Mehl

Salz, Pfeffer, Muskat

ZUBEREITUNG

Schmorbraten

Man richtet die Bratpfanne mit Speckscheiben, Zwiebeln, Zitrone, Karotte, Lorbeerblatt, Nelken, Wein, Essig, Rindsbouillon ein, bringt alle Zutaten zum Kochen, legt das mit Salz und Pfeffer eingeriebene und mit grosser Hitze kurz angebratene Fleischstück hinein und lässt es im gut verschlossenen Topf etwa vier Stunden langsam kochen, bis es mürbe ist.

Um die Sauce sämig zu machen, kann man eine Brotrinde beilegen. Vor dem Servieren wird die Sauce passiert, entfettet, abgeschmeckt und mit saurem Rahm verrührt. Einen Teil der Sauce gibt man über das in Scheiben geschnittene Fleisch, den anderen serviert man in einer separat bereitgestellten Saucière.

Dazu passen hervorragend Nudeln, Kartoffelstock oder Kartoffelknödel.

Kartoffelknödel

Die gekochten Schalenkartoffeln heiss schälen, trocknen lassen und passieren. Eier daruntermischen, abschmecken und abkühlen. Mehl unter die kalte Masse mischen, Knödel formen und im Salzwasser ca. 10 Minuten unter dem Siedepunkt garen. Abschütten und in Butter wenden.

Die Kartoffelknödel können auch in Butter gebraten werden.

Weintipp
von Klaus Schilling

CHÂTEAU DE BEYCHEVELLE, F

Die Verbindung von Gourmetsternen und einfachem Essen bringt dieser Bordeaux mit sich. Gerbstoff und Säure formen sich im Gaumen zum einmaligen Erlebnis.

UELI KESTENHOLZ

Der Profi-Snowboarder isst gerne Süsses und lässt sich garantiert mit einem Dessert erfreuen.

Welches ist Ihr Lieblingsrezept?
Apfelstrudel.

Was assoziieren Sie mit diesem Gericht?
Einerseits ist Apfelstrudel meine Lieblingsspeise, auf der anderen Seite ist es etwas, das man unterwegs im Snowboard-Zirkus nicht bekommt. Und falls doch, ist es meistens ein Mini-

«In der Kochschule waren mein Kollege und ich immer für das Dessert zuständig»

stückchen, das im Vanillebad versinkt und erst noch horrend teuer ist. Oft frage ich dann, wo sie den Rest versteckt halten, ich hätte gerne den ganzen Strudel! Meine Mutter bäckt immer ein riesiges Blech voller Apfelstrudel und dann kann ich zulangen bis zum geht nicht mehr! Wenn ich längere Zeit weg bin, bittet mich mein Bruder meist, wieder mal nach Hause zu kommen, damit es all die gute Sachen gibt, auf welche auch er scharf ist! Er hat offenbar denselben Geschmack wie ich, und Mutter kocht dann bei diesen seltenen Gelegenheiten natürlich das, was ich gerne esse. Im Allgemeinen ist die ganze Familie unkompliziert und hat keine speziellen Riten, wie zum Beispiel den Fisch am Freitag oder ähnliches.

Gibt es andere Menüs, die Sie mit Ihrer Kindheit verbinden oder denen Sie auf Ihren Reisen begegnen und die Sie faszinieren?
Nicht unbedingt. Es sind hauptsächlich die einfacheren Menüs die mich ansprechen. Aufläufe zum Beispiel mag ich besonders, speziell auch die Süssen!
Für Rhabarberauflauf würde ich weit gehen. Er ist auch einfach zu machen: Altes Brot einweichen und zusammen mit gekochtem und gesüsstem Rhabarber in einer Auflaufform in den Ofen – fertig! Auch das ist ein Gericht, das ich sehr mag.

Können Sie kochen?
Das ist ein schlimmes Thema! Meist habe ich gar keine Zeit und daher muss die Kocherei möglichst einfach und schnell gehen. Meine Kollegen lachen mich immer aus, weil ich meist einfach eine Frischbackpizza in den Ofen schiebe. Mir reicht das, ich habe warm gegessen und kann derweilen noch einige Dinge erledigen.
Kochen interessiert mich eigentlich zuwenig. Wenn ich schon mal Zeit übrig habe, ziehe ich

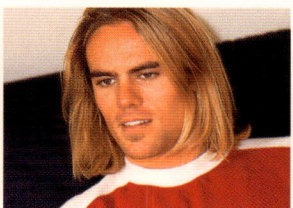

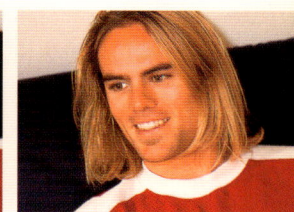

PERSÖNLICH

Ueli Kestenholz, geboren am 10. Mai 1975, machte seine Berufslehre im Detailhandel (Sportfachgeschäft). Seit sechs Jahren fährt er Weltcup-Rennen, wovon seit drei Jahren als Profi-Snowboarder. Der im Sternzeichen Stier geborene Kestenholz gewann den Weltmeistertitel und ist Medaillengewinner der Olympischen Spiele von Nagano im Jahre 1998. Seine Hobbys sind Windsurfen, Wellenreiten, Mountainbiken und Wakeboarden. Als Lieblingsgetränk gibt er Ovomaltine an, ab und zu gönnt er sich ein Glas Bier oder Rotwein.

andere Dinge vor. Freunde treffen, Faulenzen, meine Eltern besuchen oder ähnliches. Da fehlen mir die Ambitionen zum Kochen. Für kulinarische Höhenflüge reichen meine Kochkünste nicht aus!

Haben Sie die Kochschule besucht?
Ja, ich war zusammen mit einem Kollegen immer für die Desserts zuständig. Die anderen kochten die Menüs. Meist bereiteten wir die doppelte Menge zu und assen schon vor dem Mittagessen die Hälfte des Desserts auf!

Wie sieht Ihr Speiseplan auf Reisen aus?
Da meine Kochkünste doch sehr beschränkt sind, bin ich meist froh, dass es im Hotel etwas Gutes und Warmes zu essen gibt! Viele Sportler haben ihre liebe Mühe mit dem Essen in Hotels. Ich bin da nicht sehr heikel. Salat, Gemüse, Teigwaren oder Fleisch gibt es eigentlich überall und daher bin ich auch der Meinung, dass ich auswärts gesünder esse, als bei mir zu Hause.

Welchen Stellenwert hat Essen für Sie?
Nebst dessen, dass ich eigentlich Süssspeisen vorziehe, bedeutet für mich Essen hauptsächlich, den «Tank zu füllen». Ich bin Sportler und muss daher auf meine Ernährung achten. Morgens muss ich mich oft dazu zwingen, etwas zu essen. Während des Rennens hat man vielfach keine Zeit zu Mittag zu essen. Deshalb gibt es meist nur etwas Kleines unterwegs, Sandwiches oder irgend einen Energieriegel, richtig essen kann man dann erst abends.
Wenn ich aber Zeit dazu habe, setze ich mich sehr gerne in ein ausgezeichnetes Restaurant und esse ein gutes Stück Fleisch, oder noch besser Fisch. Das geschieht leider wenig, meist nur in den Ferien.

Wie oft sind Sie unterwegs?
Das kann von Jahr zu Jahr unterschiedlich sein. Es bewegt sich jedoch in der Grössenordnung von sieben Monaten im Jahr. Als Snowboardprofi muss man nicht nur die Rennen bestreiten, sondern auch den Verpflichtungen der Sponsoren nachkommen. Da bleibt nicht viel Zeit übrig.

Kommen dann die kulinarischen Freuden zusammen mit Freunden oder der Familie nicht zu kurz?
Doch, ja. Meine Freunde und die Familie kommen hier ganz klar zu kurz. Viele meiner Freun-

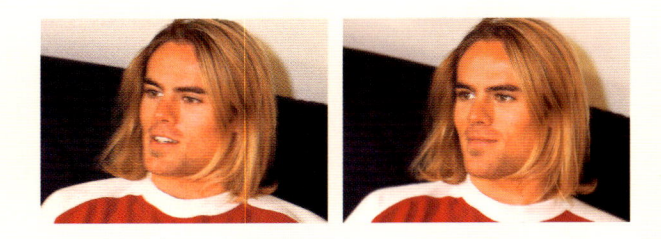

de sind jedoch ebenfalls im Snowboard-Zirkus und so gibt es hie und da mal ein kleines, spontanes Fest. Wir trainieren, reisen und wohnen vielmals zusammen und da spielt es absolut keine Rolle, ob wir nun in den USA, in Österreich oder in Japan sind, um miteinander eine Party zu veranstalten. Es geht dann vor allem darum, den Moment zu geniessen und sich die Zeit füreinander zu nehmen.

Dies ist eine Einstellung, welche sich auf das eigene Wohlbefinden positiv auswirkt. Wäre ich ständig am Hadern, zu Hause wäre es jetzt schöner und gemütlicher, und liesse ich dem Heimweh freien Lauf, könnte ich auch die nötigen Höchstleistungen nicht bringen. Ich muss meinen Job hundertprozentig leben, sonst ist meine Karriere zum Scheitern verurteilt.

Sie reisen in der ganzen Welt herum. Haben Sie eine Vorliebe für die Küche eines Landes entwickelt?

Nicht speziell. Ich bin aber der Meinung, dass die Italiener die Kocherei im Griff haben – relativ einfach, aber genial. Sei es nun eine Pizza, Spaghetti oder aber frisch gefischten Meerfisch. In der Schweiz mag ich Sachen wie Älplermakkaronen – oder eben Apfelstrudel! In Japan gibts auch feine Dinge, Sushi zum Beispiel, aber auch viele Gerichte, an welche man sich erst annähern und die man quasi entdecken muss.

Gibt es einen kulinarischen Luxus, den Sie sich ab und zu gönnen?

Ja, Palatschinken ist eine meiner Lieblingsspeisen – süss eben! Wenn ich in der Südsee bin, muss garantiert ein frischer Meerfisch auf den Tisch – das liebe ich sehr. Wenn ich dann wieder mal Zeit habe und in der Schweiz bin, esse ich sehr gerne ein Raclette in gemütlicher Atmosphäre.

Wenn man Sie also überraschen, oder bei einer seltenen Gelegenheit bewirten möchte, kann man Sie garantiert mit einem Dessert erfreuen?

Ja, klar! Ich bin unkompliziert was das Essen angeht – ich esse alles und mag auch das Meiste. Die Chance ist stets gross, dass man mich mit einem Überraschungsmenü total verwöhnen kann.

«Ich bin unkompliziert was das Essen angeht»

Lenk, Betelberg (Leiterli): Blick gegen Gryde und Trüttlisbergpass

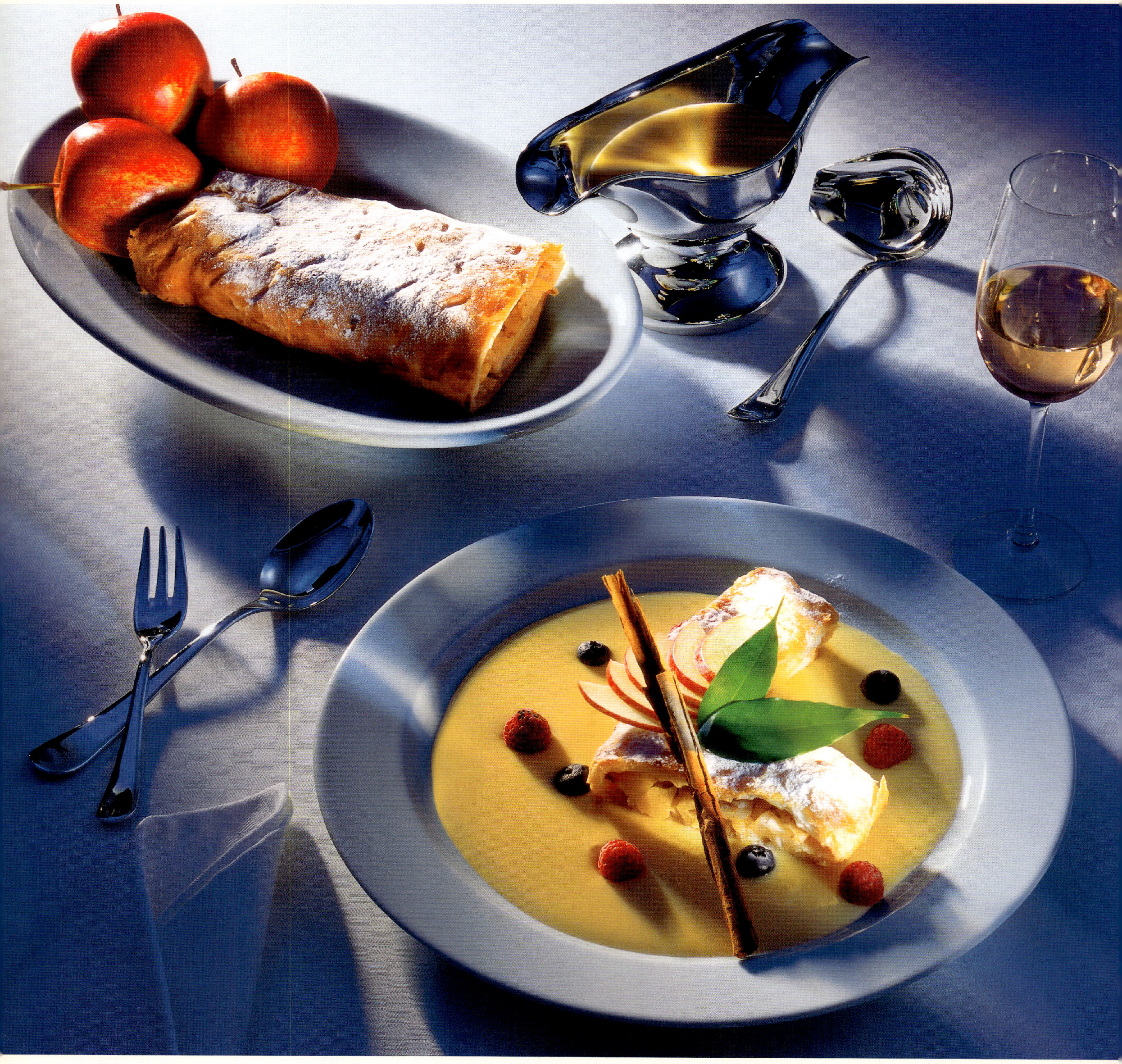

APFELSTRUDEL MIT VANILLECREME

Rezept für Ueli oder 4 Personen

ZUTATEN

Für 2 Apfelstrudel

500 g Blätterteig (oder Kuchenteig)

6–7 Äpfel

Wenig Zucker

Etwas Zimt

Gemahlene Haselnüsse

Vanillecreme

½ l Milch

2 Vanilleschoten

5 Eigelb

1 Ei

100 g Zucker

ZUBEREITUNG

Apfelstrudel

Den Teig auswallen und die mit der Röstiraffel geriebenen (und vorher geschälten) Äpfel auf dem Teig verteilen.

Mit gemahlenen Haselnüssen bestreuen. Zucker und Zimt darüber geben. Den Teig einrollen und die Enden mit Wasser zukleben.

Bei 220 °C backen bis sie schön braun sind. Den Strudel mit Puderzucker bestäuben und mit warmer Vanillesauce oder kalter Vanillecreme servieren.

Vanillecreme

Milch mit aufgeschlitzten Vanilleschoten und ausgekratztem Vanillemark aufkochen. Inzwischen Eigelb und Ei mit dem Zucker in fünf Minuten cremig-schaumig aufschlagen. Heisse Vanillemilch durch ein Sieb direkt in die Eimasse geben und verrühren. Im Topf bei mittlerer Hitze mit dem Schneebesen so lange rühren, bis die Creme dicklich ist. Durch ein Sieb giessen und bis zum Servieren kalt stellen.

Ueli Kestenholz

Weintipp
von Klaus Schilling

ORTAGLIA MOSCATO, TOSCANA I

Wahrlich ein Kindertraum geht in Erfüllung. Süsser Strudel, süsse Creme. Und als Übergang ins Alter der Erwachsenen ein exklusiver Süsswein aus Italien dazu serviert. Ein Traum wird wahr.

HANERY AMMAN

Für den Rockmusiker ist es selbstverständlich, dass seine Speisen phantasievolle Namen tragen.

Haben Sie ein Lieblingsrezept?
Ja, habe ich schon, aber ich koche gerne Verschiedenes. Die Vielseitigkeit oder der Reichtum an Abwechslung ist ja das Interessante am Kochen.

Sie können also kochen?
Man behauptet es! Aber ich habe nicht das Gefühl, dass ich ein wahnsinnig guter Koch bin. Es gibt Rezepte, die ich gut und gerne koche. Wenn die Gäste dann vom Ergebnis noch angenehm überrascht sind, macht es mir erst recht Freude.

Gibt es Favoriten unter den Menüs, die Sie kochen?
Eigentlich ist das Rezept, das ich hier aufgeschrieben habe, eines meiner Lieblinge! Es beinhaltet viele verschiedene Dinge, die ich persönlich sehr mag. Es ist nicht nur gesund – es ist auch fein! Zwischen dem Zeugs, das gesund ist und dem, welches gut ist, liegt meistens ein grosser Unterschied. Ich bin der Meinung, dass es an der Menge liegt, die man isst und nicht daran, was man isst. Man sollte auch von den Dingen, die man sehr gerne mag, nicht zuviel essen.

Was macht Ihr sowohl gesundes wie gutes Rezept so speziell?
Eigentlich ist es ja einfach ein Gemüsereis, aber ich nenne es «Traumreis» weil ich finde, dass die Farben und alles Übrige die Phantasie anregen! Überhaupt dürften Gerichte etwas phantasievollere Namen tragen. Deshalb sind die Namen der Vorspeise und des Salates eigentlich ein Gag!

Kommen Sie überhaupt dazu, in einem Rahmen zu kochen, der für Sie stimmt?
Genau dort liegt das Problem! Um gut zu kochen braucht man Zeit, viel Zeit. Ich finde, dass es eine irre Meinung ist, wenn behauptet wird, dass schnelles Kochen positiv sei! Es ist lediglich rationeller. Ich versuche, mir zwei- bis dreimal die Woche genügend Zeit zum Kochen, respektive zum gemütlichen Zusammensein, zu nehmen. Dazu gehört eben auch genügend Vorbereitungszeit.

Sind Sie ein Genussmensch?
Schon, ja! Ich finde es wichtig. Ich habe auch grossen Respekt vor dem Kochen, respektive vor professionellen Köchen. Ich meine, dass ein guter Koch gleichzeitig eine hohe Form der Kreativität lebt. Irgendwie könnte man das Kochen auch als Kunstform verstehen, welche kulturelle und

PERSÖNLICH

Hanery Amman, der Interlakner Rockmusiker, ist im Jahr 1952 geboren und in einem Gastronomiebetrieb aufgewachsen.
Als 18-Jähriger gründete er zusammen mit Polo Hofer die Gruppe «Rumpelstilz».
Seine musikalischen Grosserfolge gelangen ihm mit den Liedern «Teddybär», «d'Rosmarie und I» und «Alperose». Soeben ist auf dem Markt seine neue CD «solitaire» erschienen.

«Kochen verstehe ich als Kunstform, die kulturelle und soziale Abläufe beinhaltet»

soziale Abläufe beinhaltet. Dazu braucht es Talent und spezielle Fähigkeiten, man sollte experimentierfreudig sein, nicht nur stur das gelernte Handwerk anwenden. Deshalb empfinde ich das Kochen als sehr kreative Arbeit.

Finden Sie Zeit, um in diesem Bereich kreativ zu wirken?

Das hängt sehr von meinem Zeitplan ab. Oft habe ich gar keine Zeit, bin unterwegs auf Konzert- oder Promotour, am Üben oder im Studio. Dann gibt es wieder zwei, drei Tage, an denen weniger los ist. Generell kann ich das nicht sagen. Aber zwei, drei Abende finde ich sicher, an denen nichts los ist.

Stehen Sie zwischendurch auch mal im Anker in der Küche?

Zu Hause ja, aber hier im Anker überlasse ich das Szepter René, der kann das viel besser – er ist der Profi in der Küche!

Wie sieht es aus, wenn Sie unterwegs sind und gezwungenermassen im Restaurant essen müssen?

Essen muss man täglich! Es ist immer wieder eine Gratwanderung, zwischen den Dingen auszuwählen, welche einerseits verführerisch wirken – Auswahl nach dem Lustprinzip quasi – andererseits wirklich der Ernährung dienen. Ist ja nicht immer dasselbe, oder? Zwischendurch hat man das Gefühl, dass man nun etwas «Gesundes» essen sollte und bestellt einen Salat.

Oder man bestellt etwas, das man zu Hause nicht bekommt?

Ja, genau! Meist sind dies ja Gerichte, die viel zu aufwändig zum selber Kochen sind. Oder auch typisch für die Region sind, in welcher man sich gerade befindet. Im Welschland isst man auch nicht unbedingt die gleichen Spezialitäten wie im Berner Oberland.

Gehen Sie auch selber Einkaufen?

Ja, klar. Meist gerade was anfällt und wonach ich Lust habe.

Achten Sie darauf, wo, was und wie Sie einkaufen?

Jetzt kommt die Frage zum Konsumverhalten! Es ist tatsächlich so, dass dieses Thema recht delikat und manchmal auch etwas widersprüchlich ist. Der Grosshandel macht die besseren Preise und manöveriert damit die kleineren Läden langsam aber sicher in den Ruin. Ich achte deshalb darauf, dass ich bei kleineren Fachgeschäften einkaufen kann. Aber ich finde die ganze Einkauferei recht schwierig. Man kann zuschauen, wie ein kleines Lädeli nach dem anderen schliessen muss. Wenn die Konsumenten jeden Tag bewusst in diesen kleinen Geschäften einkaufen würden, damit sie nicht nach und nach schliessen müssten, wäre dies toll. Es würde schon viel bringen, wenn das Fleisch beim Metzger und der Käse in der Molkerei gekauft würden. Schlussendlich ist es aber so, dass es oft ganz einfach auf die Grösse des Portemonnaies ankommt, ob beim Discounter oder im Spezialitätengeschäft eingekauft wird! Da muss man Konzessionen machen und entscheiden, was einem wichtiger ist, das eigene Portemonnaie oder das Lädelisterben!

Haben Sie spezielle Vorlieben punkto Essen?

Ja natürlich! Ich finde es toll, dass dies heute möglich ist! Früher war es nur der Italiener der seine Nationalgerichte in den Pizzerien oder Trattorien bekannt machte. Heute bekommt man originale Gerichte aus China, Mexiko, Thailand und was weiss ich noch woher. Sogar hier oben ist die Auswahl mittlerweile sehr gross. Ich finde dies toll – auch dass sich mit dem Essen die verschiedenen Kulturen begegnen, teilweise sogar vermischen.

Was bedeutet für Sie Essen an und für sich?

In erster Linie ist essen Instinkt, oder damit begründet, dass man sich ernähren muss. Aber in meinen Augen sollte Essen Genuss sein! Die Geselligkeit, das Zusammensein, gemeinsam Essen, finde ich sehr wichtig und schön. Unterwegs, kurz vor dem Auftritt, mitten im Trubel, ist es nicht immer einfach, genügend Zeit zum Essen zu finden. Essen zeigt auch das generelle Lebenstempo eines Menschen. Die chinesische Lehre besagt, wenn man jemandem zusieht, wie schnell dieser isst, kann man konkrete Aussagen über dessen Gesundheit machen.

Wie sieht Ihr kulinarischer Werdegang, Ihr Heranwachsen in einer Gastronomiefamilie aus?

Eigentlich hatten wir dadurch, dass ich in einem Gastronomiebetrieb aufgewachsen bin, nicht sehr viel Zeit füreinander, geschweige denn für gemeinsame Rituale. Wir leben ja alle unserem Elternbild nach, also habe auch ich viele Dinge übernommen, kulinarischer Art, die meine Mutter oder mein Vater oft zubereitet haben. Einiges bleibt und andere Gewohnheiten fallen weg. Unsere Eltern waren viel unterwegs, und wir haben deshalb auch viel auswärts gegessen. Meine Mutter hat einige Rezepte immer wieder zubereitet. In diesem Sinn waren dies Rezepte, die wir als Tradition ansahen. Eines davon war Pot-au-feu – Schmortopf – mit jeweils unterschiedlichen Zutaten. Mal waren es Kartoffeln und Gemüse, dann wieder hat sie Reis dazu gegeben. Meine Mutter war Österreicherin und hat dementsprechend die deftige, österreichische Küche gepflegt – nicht gerade kalorienarm, aber dennoch recht gesund.

Gibt es süsse Leckereien, denen Sie nicht widerstehen können?

Diese Neigung ist bei mir nicht sehr ausgeprägt. Ich kann ganz gut auf Süsses verzichten.

Gibt es etwas anderes, worauf Sie nicht verzichten können?

Ich finde meist für alles eine Ersatzlösung! Wenn ich z.B. keine Teigwaren oder Kartoffeln im Haus habe, nehme ich ganz einfach Reis. Manchmal habe ich das Gefühl, dass ich zuwenig Fleisch esse. Ich empfinde Fleisch als wichtig, weil ich sehr viel Kraft brauche, um den ganzen Trubel durchzustehen. Dasselbe Gefühl habe ich, wenn ich zuwenig Fisch esse. Aber verzichten muss ich auf gar nichts.

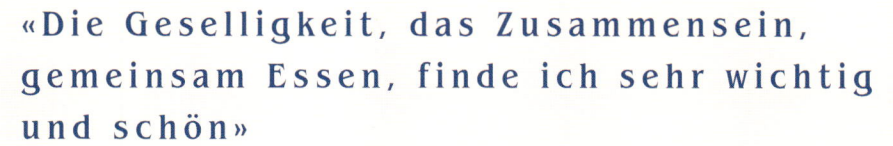

«Die Geselligkeit, das Zusammensein, gemeinsam Essen, finde ich sehr wichtig und schön»

Welche Getränke bevorzugen Sie zu einem schönen Essen?

Rotwein – ein edles Getränk zu einem schönen Essen. Aber auch Wasser ist für mich sehr wichtig. Wir sind hier wirklich verwöhnt mit der Qualität unseres Wassers. Andere Leute müssen ihr Wasser teuer im Geschäft kaufen! Deshalb mag ich zum Essen ein Glas Wasser mit einem Stück Zitrone darin.

Mögen Sie einen speziellen Rotwein?

Den spanischen Wein finde ich sehr schön. Eine gute Flasche Rioja oder Jumilla – herzhaft, eher schwer, erdig und feurig muss der Wein sein, damit ich ihn mag. Zu meinem Rezept passt natürlich auch ein leichter, fruchtiger Schweizer Rotwein. Oder ein wunderbarer Italiener!

Im Gadmertal zwischen Gadmen und Steingletscher

48

HARRY'S TRAUMREIS & POULET A L'ORANGE

Rezept für 4 Personen

Hanery Amman

ZUTATEN

A«d»vocados an Juristensösseli

2 Avocados

Hüttenkäse

Schnittlauch

Poulet à l'Orange

4 Pouletschenkeli

Salz, Pfeffer, Paprika

Sambal Olek

1½ dl Bouillon oder Geflügelfond

Saft von ½ Zitrone

Saft von ½ Orange

Harry's Traumreis

200 g Carolina-Reis

1 Zwiebel

1 Karotte

Hühnerbouillon

Lorbeerblatt

Safran

1 kleiner Lauch

1 kleine Zucchini

1 kleine Peperoni

100 g Erbsli

ZUBEREITUNG

A«d»vocados an einem Juristensösseli
Avocados halbieren und mit frischem Hüttenkäse und Schnittlauch füllen.

Poulet à l'Orange
Pouletschenkeli anbraten, gut würzen mit Salz, Pfeffer, Paprika und Sambal Olek. In eine feuerfeste Glasform geben. Mit Bouillon ablöschen, Lorbeerblatt beigeben und die Pouletschenkeli mit dem Saft einer halben Zitrone und einer halben Orange beträufeln. Bei 180° (Ober- und Unterhitze) ungefähr eine Stunde im Ofen schmoren lassen. Ab und zu schütteln, damit die Pouletschenkeli schön saftig bleiben.

Harry's Traumreis
Die Zwiebel schälen, fein hacken und in Sonnenblumenöl andünsten. Carolina-Reis kurz mitdünsten. Die Karotte in feine Würfel schneiden, beigeben. Mit Hühnerbouillon ablöschen. Das Lorbeerblatt zugeben und mitkochen. Mit Safran abschmecken.
Den Lauch, die Zucchini und die Peperoni kleinschneiden und mit Sonnenblumenöl in der Bratpfanne andünsten. Den fertig gekochten Safran-Reis zugeben. Am Schluss noch die Erbsli beifügen und mitbraten.

Als Beilage eignet sich ein gemischter Saisonsalat – Hanery Amman nennt ihn «Paragraphensalat» – garniert mit Radieschen, Kürbiskernen und Sojasprossen.

Weintipp von Klaus Schilling

VIÑA ARANA, RISERVA
La Rioja Alta S.A., Haro, Espana

Herzhaft, erdig, feurig. Ein Glas Rioja passt herrlich zum Gemüsereis. Das fördert das Gesellschaftliche, die Kreativität und ist Musik in den Ohren des wahren Geniessers.

BRUNO KERNEN

In den Trainingslagern in Amerika haben er und seine Kollegen sich schon einige Male so richtig schöne Nachtessen zubereitet.

Welches ist Ihr Lieblingsrezept?

Ich mag die saisonale Küche. Im Sommer ein gutes Stück Fleisch vom Grill, am liebsten im Kreise von Freunden oder der Familie. Im Winter finde ich ein Raclette oder ein Fondue sehr gut. Ansonsten esse ich, wonach mich gerade gelüstet.

Müssen Sie wegen Ihren Trainingseinheiten auf eine spezielle Ernährung achten?

Eigentlich esse ich auch dann, worauf ich Lust habe. Möglicherweise könnte ich mit einer speziellen Ernährung meine Ressourcen noch etwas vergrössern. Ich esse beispielsweise keine fritierten, panierten oder andere fettige Speisen – mit Ausnahme von zwei, drei Malen, an denen ich mir ein Cordon-Bleu in einem meiner Lieblingsrestaurants gönne! Das ist mein ganz persönliches Leckerchen, das ich mir gönne!

Sie sind viel unterwegs. Welche Erfahrungen machen Sie mit den verschiedenen Hotelküchen?

Unser Physiotherapeut geht in jedem Hotel zum Küchenchef und bespricht mit ihm die Speisepläne für uns.

Welche Einstellung haben Sie zum Kochen?

Ich koche zwar, aber nicht ausserordentlich gut! In den Trainingslagern in Amerika haben wir meist zu dritt oder viert unsere eigenen Appartements und bereiten uns oft selber das Essen zu. Im letzten Trainingslager haben wir uns einige Male so richtig schöne (und teure!) Nachtessen gekocht!
Eigentlich habe ich erst gelernt, komplette, wenn auch einfache, Mahlzeiten zuzubereiten, seit ich mit Silvia verheiratet bin. Sie hat mir gezeigt, wie und womit man kochen kann und achtet sehr auf Qualität.
Wenn ich länger im Ausland bin – und das geschieht im Jahr zwei bis drei Mal, dass ich bis zu vier Wochen weg bin – dann freue ich mich immer wieder auf einen Cervelat-Käse-Salat!

Welchen Stellenwert nimmt bei Ihnen Essen im täglichen Leben ein?

Wenn ich Zeit dazu habe, dann liebe ich es mit meiner Frau und meinen Freunden hier bei uns am Tisch zu sitzen, und es richtig schön gemütlich zu haben. Silvia, meine Frau, kocht dann immer etwas Hervorragendes, und ich fungiere dann als Weinmeister!

Sind Sie ein Weinkenner?

Na das nicht gerade, aber ich habe in meinem Keller mittlerweile ein paar gute Flaschen, die ich bei passender Gelegenheit kredenze. Das kann

PERSÖNLICH

Bruno Kernen, der Abfahrtsweltmeister von 1998 in Sestrière, liebt neben den schnellen Brettern auch kulinarische Leckerbissen. Bevor er im Skizirkus Aufnahme fand, erlernte er den Beruf des Tiefbauzeichners. Der Reutiger ist 1972 geboren und lebt heute mit seiner Frau Silvia in Faulensee. Seine Hobbys sind Tennis und Golf – in der rennfreien Zeit spielt er aktiv Rollhockey beim RHC Wimmis.

ich mir aber nur leisten, wenn ich nicht direkt im Training bin. Unterwegs oder im Training trinke ich prinzipiell keinen Alkohol.

Wurde Ihnen von Kindsbeinen an eine Esskultur vermittelt?

Meine Mutter hat immer sehr abwechslungsreich und gesund gekocht. Ich schätze ein gut zubereitetes und stilvolles Essen ebenso sehr wie einfache Mahlzeiten. Meine Frau tritt sehr für qualitativ gute Zutaten ein. Bis ich mit Silvia zusammengezogen bin, habe ich mich gar nicht für das Kochen interessiert. Das ist heute anders. Meine Aufmerksamkeit für gutes Essen und Qualitätszutaten hat sich ziemlich verstärkt.

Welches ist Ihr Standardmenü, wenn Ihnen der Magen knurrt?

Hörnli mit Gehacktem! Das ist ein einfaches Menü, das ich mittlerweile im Griff habe und das jedes Mal klappt!

Was bedeutet für Sie kulinarischer Luxus?

Wenn ich beispielsweise meine Frau drei oder vier Mal im Jahr in eines der ausgezeichneten Restaurants in der Region einlade, die ich bei Gelegenheit sehr gerne besuche und mich von deren

«Bei passender Gelegenheit kredenze ich gerne einen guten Wein»

Küche verwöhnen lasse. Da ich dafür wenig Zeit habe, bedeuten mir solche kulinarischen Ausflüge entsprechend viel. Meine Frau stammt aus einer Familie, die sich privat wie beruflich in der Gastronomie bewegt. Ich profitiere davon, dass beide Frauen, meine Mutter wie auch meine Schwiegermutter, andere Wurzeln haben und deshalb total unterschiedlich kochen. So komme ich immer zu hervorragendem Essen!

Mögen Sie Desserts?

Natürlich – Milka ist ja einer meiner Sponsoren! Ab und zu mag ich gerne ein Stück Schokolade. Ich bin viel mit meinem Auto unterwegs und da habe ich meist ein paar «Schoggistängeli» irgendwo versteckt!

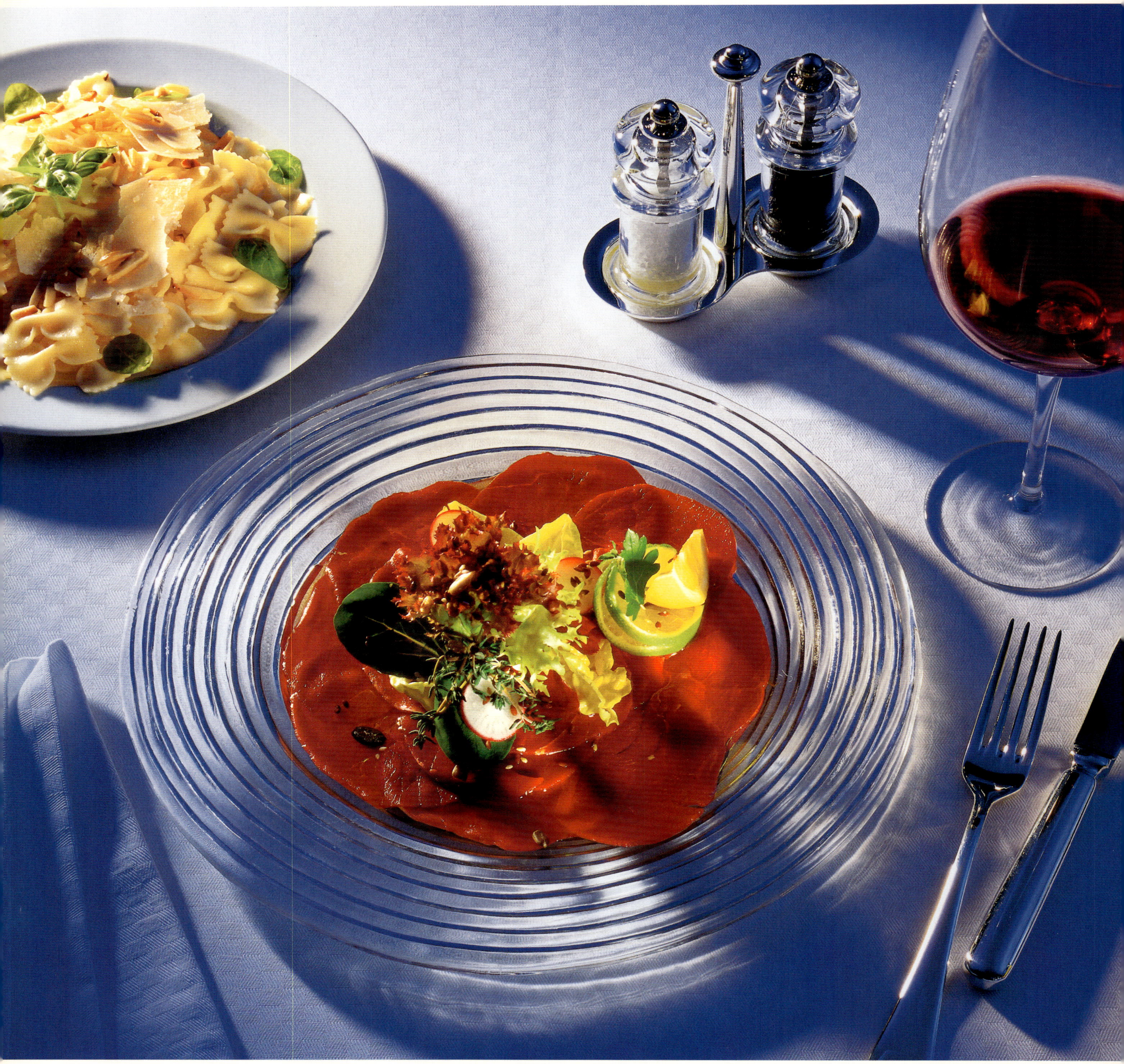

CARPACCIO, FARFALLONI & ZITRONENCAKE

Rezepte für 4 Personen

Bruno Kernen

ZUTATEN

Rindscarpaccio

500 g Rindsfilet am Stück

Salz, Pfeffer

Olivenöl

Parmesan am Stück

1 Zitrone

Farfalloni

500 g Farfalloni

Olivenöl

1 Bund Basilikum

Pinienkerne

Kräutermeersalz

Pfeffer

Geriebener Parmesan

Zitronencake

250 g Butter

250 g Zucker

3 Eier

3 Zitronen

250 g Mehl

2 EL Backpulver

1 Prise Salz

100 g Puderzucker

ZUBEREITUNG

Rindscarpaccio
Rindsfilet in hauchdünne Streifen schneiden und auf einem Teller anrichten. Etwas Olivenöl darübergeben und mit Salz und Pfeffer würzen. Parmesan hobeln und darauf verteilen. Mit einem Zitronenschnitz garnieren.

Farfalloni mit Basilikum
Farfalloni in kochendes, gesalzenes Wasser geben, al dente kochen, Wasser abschütten und die Farfalloni zurück in die Pfanne geben. Etwas kaltgepresstes Olivenöl darüber geben und mit frischen Basilikumblättern (in Streifen geschnitten) und Pinienkernen mischen. Mit Pfeffer und Kräutermeersalz würzen. Vor dem Servieren mit Parmesan überstreuen und mit einem Basilikumblatt garnieren.

Zitronencake
Die Butter und den Zucker zusammen schaumig rühren. Die Eier sowie die abgeriebenen Zitronenschalen dazugeben. Mehl, Backpulver und eine Prise Salz unter die Masse mischen. Bei 180 Grad 60–65 Minuten backen.
Den Puderzucker mit dem Zitronensaft verrühren und den noch warmen Kuchen mit der Glasur tränken.

Mein Lieblingswein
Brunello di Montalcino

Weintipp
von Klaus Schilling

BRUNELLO DI MONTALCINO
Villa Banfi

Schweizer ist er im Herzen und im Sport. Meisterlich ist die Zubereitung seines Menüs. Weltmeisterlich ist der edle italienische Tropfen aus dem Keller von Bruno!

PAUL GÜNTER

Der Chefarzt und Nationalrat schätzt ein gutes Essen sehr, bezeichnet selber seine Kochkünste aber als rudimentär.

Paul Günter, welches ist Ihr Lieblingsrezept?
Da gibt es einige. Während einer Reise nach Korea habe ich zusammen mit meiner Frau ein landestypisches Gericht kennen und schätzen gelernt: Pipim pap – «mische gekochten Reis». Eine koreanische Operationsschwester im Spital Interlaken erklärte mir, dass es sich dabei um eine Restenmahlzeit handelt, wie sie viele Völker als traditionelle Gerichte kennen.

Was assoziieren Sie mit diesem Gericht?
Viele positive Erlebnisse in einem zauberhaften und überraschenden Land. Korea ist unglaublich vielseitig und beeindruckend. Allein die vielen Kulturstätten sind ein Besuch wert.

Durch Ihren Beruf und Ihre Tätigkeit im Nationalrat ist Ihre Freizeit stark eingeschränkt. Bleibt Ihnen noch Zeit zum Kochen?
Meine Frau bemüht sich ständig, mir die Freude am Kochen zu vermitteln. Meine Kochkünste sind jedoch rudimentär und dienen lediglich dem Überleben. Ein gutes Essen schätze ich aber sehr, was nicht heisst, dass es gleich ein sieben- oder achtgängiges Menü sein muss.

In meinen Augen wird die Küche heute immer vielfältiger. Es zeigen sich hier die Auswirkungen der Globalisierung. Die Nationalitäten und Kulturen vermischen sich und bereichern die traditionelle Schweizer Küche. Das gefällt mir sehr, und ich betrachte diese Kombination als Kunst. In den letzten Jahren verzeichneten wir beispielsweise in der Schweiz eine starke Zunahme von indischen Touristen. Diese haben aber mit unserer Küche grosse Probleme. Sie vertragen unsere Gerichte und die Zubereitungsarten nicht. Deshalb denke ich, müssen wir in unseren Restaurants auch auf die Ansprüche und Bedürfnisse unserer ausländischen Gäste eingehen.

Wie wichtig ist Ihnen das Essen mit Freunden?
Leider bleibt dafür nicht viel Zeit. Aber meine Frau und auch ich lieben es, Freunde und Familienangehörige zu einem ausgedehnten Frühstücksbuffet am Sonntagmorgen einzuladen. Schlimm finde ich die neuen Trends in Richtung «Mais am Stiel» – die unproduktive Zeit des Essens soll produktiver werden. Schrecklich!

PERSÖNLICH

Paul Günter, geboren 1943, ist Chefarzt für Anästhesie im Spital Interlaken. Der bekannte und engagierte Politiker schaffte 1972 die Wahl in den Grossrat, seit 1979 ist er Nationalrat. Paul Günter ist in zweiter Ehe mit Eva-Maria Zbinden verheiratet, seine sechs Kinder stammen aus erster Ehe. Durch seine berufliche und politische Tätigkeit kommt die Freizeit etwas zu kurz – so haben ebenfalls Einsätze in der Küche Seltenheitswert.

«Meine Frau bemüht sich ständig, mir die Freude am Kochen zu vermitteln»

Ist Zeit für Sie ein kostbares Gut?

Sehr, es ist mir wichtig, genügend Zeit mit meiner Frau und meinen Freunden zu verbringen. Diese Treffen plane ich bewusst und geniesse diese Momente auch entsprechend.

Jede Familie hat eine kulinarische Geschichte mit Ritualen und Rezepten, welche weitergegeben werden. Ist dies auch in Ihrer Familie der Fall?

In gewisser Weise schon. Bedingt durch meine berufliche Situation hat sich in unserer Familie die Tradition durchgesetzt, regelmässig gemeinsam essen zu gehen, meist in Restaurants. Unsere älteste Tochter ist schwer behindert und lebt in einem Heim. Für sie sind die sonntäglichen Ausflüge ins Restaurant stets ein Erlebnis und mit viel Freude verbunden. Das beginnt schon beim Anblick des «angeschriebenen Hauses».

Seit Jahren pflegen wir das gemeinsame Mittagessen, auch das meist im Restaurant. Das tut dem Sinn der Sache aber keinen Abbruch. Es gibt mir die Möglichkeit, mit meiner Familie zusammen zu sein, uns auszutauschen und den Kontakt zu pflegen. Seit einigen Jahren versuchen wir, eine angemessene Form zu finden, um Weihnachten zu feiern. Die Familie wird immer grösser. Für ein solches Zusammentreffen müssen dann jeweils auch die geeigneten Räume gefunden werden, was nicht immer einfach ist.

Stellen Sie als Arzt bestimmte Anforderungen an die Qualität der Lebensmittel?

Es ist mir wichtig, bewusst zu essen und mich gesund zu ernähren. Ich mag zum Beispiel Früchte und Jogurt zum Frühstück. Was ich verabscheue ist Junk-Food. Ich mag diese Sachen ganz einfach nicht und finde pampige Pommes frites abstossend. Meine Frau und ich versuchen, bewusst einzukaufen und achten auch darauf, dass die Produkte aus biologischem Anbau stammen. Wir versuchen, nicht Lebensmittel zu kaufen, die um die halbe Welt gereist sind, speziell wenn dieselben Produkte aus unserem Land erhältlich sind. Ebenso kommen mir Nahrungsmittel mit Zusatzstoffen oder genmanipulierte Produkte nicht ins Haus.

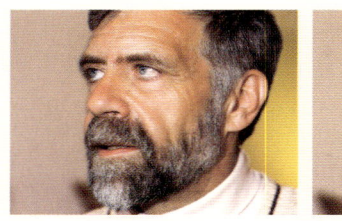

Welche Bedenken haben Sie gegenüber diesen Lebensmitteln?

Bei diesen oft industriell aufbereiteten Nahrungsmitteln weiss man nur bedingt, was alles enthalten ist und kennt auch die längerfristigen Auswirkungen nicht. In meinem Alter spielt das nicht mehr eine grosse Rolle, da kann man essen, was einem am besten schmeckt. Für die jungen Leute sieht dies aber anders aus.

Welchen Leckerbissen können Sie nicht widerstehen?

Es ist nicht wichtig, womit man mich lockt, sondern wie. Im Sommer kann man mich mit Glace verwöhnen. Die ist zwar nicht sehr gesund, dafür schmeckt sie umso besser. Vor allem mag ich gemütliche Runden mit Freunden, aber auch ein einsames Essen, ganz alleine mit einem Buch.

Was ist in diesem Fall wichtiger, das Buch oder das Essen?

Eigentlich ist es eher die Ruhe, das Alleinsein. Es ist meine Art, mich zu distanzieren, von den täglichen Begegnungen, den Menschen, der Hektik meines Berufes.

Die Belastung als Arzt unterscheidet sich stark von der politischen. Menschen, die mich als Arzt konsultieren, benötigen meist spezifische Hilfe, Unterstützung und Rat. In der Politik geht es darum, für die Gesamtheit vernünftige Rahmenbedingungen zu schaffen, Ansprechstelle und

Auskunftsperson für die Medien zu sein, und damit auch die Erwartungen der Bevölkerung nach Informationen zu erfüllen. Ein Greuel sind mir sogenannte Arbeitsessen. Während des Essens

«Ich mag vor allem gemütliche Runden mit Freunden oder aber auch ein einsames Essen»

und in den Pausen zwischen den einzelnen Gängen werden Fachreferate vorgetragen. Solchen Essen gehe ich nach Möglichkeit aus dem Weg und studiere meine Unterlagen in aller Ruhe zu Hause oder eben alleine in einem Restaurant.

Sind Sie ein Genussmensch?

Ich suche die richtige Kombination. Im Volksmund heisst es, dass stämmige Menschen gerne essen. Das ist nur beschränkt der Fall. Wenn man gerne gut und ab und zu auch viel isst, muss man sich auch dementsprechend viel bewegen, um die eingenommenen Kalorien zu verbrennen. Als strahlendes Vorbild kann ich mich nicht vorneweg stellen. Dafür esse ich viel zu gerne.

Grindelwald, First: Bachalpsee mit Schreckhorn, Finsteraarhorn und Eiger

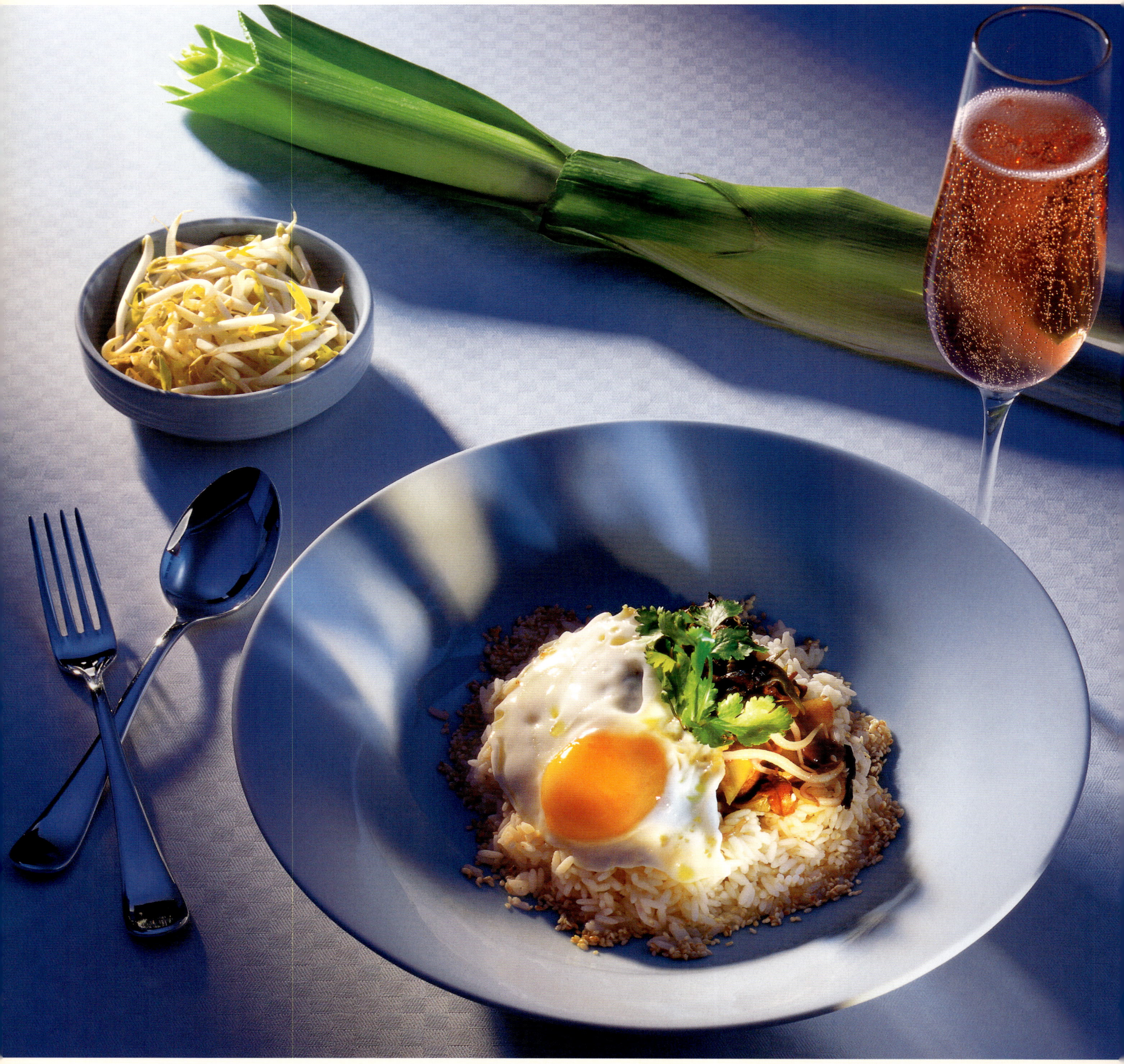

PIPIM PAP («Mische gekochten Reis»)

Koreanische Nationalspeise, Rezept für 4 Personen

Paul Günter

ZUTATEN

Pipim Pap

300 g Rindfleisch

25 g getrocknete Pilze

Sojasauce

4 Spiegeleier

1 Gurke

200 g Sojasprossen

4 Becher Reis

Sesamöl

2 Lauchstiele

Aprikosen mit Jogurt

1 kg Aprikosen

4 EL Zucker

500 g Naturejogurt

ZUBEREITUNG

Pipim Pap

Gurke in Schnitze schneiden und einsalzen, stehen lassen, Wasser abdrücken und mit Sojasauce in einer Pfanne anbraten.

Sojasprossen in kochendes Salzwasser geben und schnell dämpfen (1–2 Minuten), würzen mit Sojasauce. Sesamöl und Lauch (grün) dazugeben.

Pilze in Wasser einweichen, fein schneiden, mit Sojasauce, Sesamöl und Pfeffer würzen.

Rindfleisch mit etwas Zucker bestreuen, damit es schön zart wird, würzen mit Sesamöl und Sojasauce, und anbraten.

Reis aufkochen (etwas weniger Wasser als üblich, damit der Reis nicht klebt).

Pro Person ein Schüsselchen bereitstellen. Den Reis unten in der Schüssel anrichten, den Rest darauf dekorieren, das Ganze mit einem Spiegelei «zudecken».

Jede Person mischt am Tisch zum Essen die Zutaten nach Belieben untereinander.

Aprikosen mit Jogurt

Weichgekochte Aprikosen (Aprikosen mit Zucker aufkochen), vermischen mit Naturejogurt.

Weintipp von Klaus Schilling

EXPLOSION – SCHAUMWEIN
Rebbaugenossenschaft Spiez

Auf Feuer gekocht, feurig gewürzt, feurig im Gaumen, mit explosivem Feuer gelöscht. Ungewohnt, aber eine Entdeckung wert.

HANSRUEDI WANDFLUH

Der Unternehmer und Nationalrat hält sich bei Anlässen an die Vorspeisen, lässt den Hauptgang aus, um beim Dessert so richtig «ynidsliege».

Kochen Sie viel?
Ich koche heute nicht viel – meine Frau kocht ausgezeichnet. Früher kochte ich aber schon öfters.

Wann früher?
Als 16-Jähriger besuchte ich das Gymnasium in Bern. Dort kochte ich im Studentenhaus, später in Zürich, während der ETH-Zeit, bereitete ich meine Mahlzeiten ebenfalls selber zu.

«Ich bin seit jeher ein unkomplizierter Fast-Alles-Esser»

Aber Sie würden gerne kochen?
Sicher – auch etwas Spezielles kann es sein. Vor drei, vier Jahren besuchte ich einen Kochkurs für spezielle Desserts.

Haben Sie Jugenderinnerungen im Zusammenhang mit Essen?
Bereits als kleiner Knabe liebte ich Birchermüesli – und das ist bis heute so geblieben. Ich bin aber seit jeher ein Fast-Alles-Esser.

Warum gerade Birchermüesli als Lieblingsrezept?
Wahrscheinlich sind es die Früchte, die es mir angetan haben.

Würden Sie sich als Gourmet bezeichnen?
Ja, ich esse gerne etwas Gepflegtes in einer speziellen Atmosphäre.

Haben Sie spezielle Essgewohnheiten?
Bei Anlässen halte ich mich an die Vorspeise, zum Beispiel wenn es Crevetten gibt, den Hauptgang kann ich dann ganz gut auslassen, um beim Dessertbuffet so richtig «ynidsliege».

Das heisst, Sie lieben Desserts?
Ja, alles Süsse.

Essen Sie gerne auswärts?
Jedenfalls oft – durch meine Geschäftsreisen komme ich in fremde Länder. Auch esse ich, was dort Brauch ist – seien es gedörrte Heuschrecken, fritierte Maden und allerlei «so Zeug»...

PERSÖNLICH

Hansruedi Wandfluh, geboren am 16. Januar 1952, ist geschäftlich viel im Ausland unterwegs. Der Unternehmer aus Frutigen ist verheiratet und hat drei Kinder.
Als sportlichem Typ liegen ihm schwere Hauptgänge weniger, als Vor- und Nachspeisen. Der SVP-Nationalrat aus dem Kandertal liebt den Sport allgemein, seine Familie und die Politik bedeuten ihm aber ebenfalls sehr viel. Hansruedi Wandfluh grilliert gerne vor seinem Haus und verarbeitet den Arbeitsalltag oft beim frühmorgendlichen Joggen.

Welchem Leckerbissen können Sie nicht widerstehen?

Zum Beispiel einer geräucherten Blausee-Forelle.

Würden Sie sich zutrauen, einen Fisch zuzubereiten?

Sicher – zum Beispiel Forelle blau. Oder auf dem Grill im Garten, das kommt öfters vor und dafür bin ich zuständig. Die ganze Familie liebt es, wenn Grillsaison ist und wir auf dem Sitzplatz vor dem Haus essen können.

Wenn Sie Ferien haben und in der Küche stehen, was kochen Sie?

Je nach Ort und Gästen, das kommt ganz darauf an. Eines meiner Standard-Menüs ist Reis und Plätzli, es könnte aber auch gut eine geräucherte Forelle oder ein in Speck eingewickeltes Filet sein.

Wie stehen Sie zu Fleisch?

Ich habe gerne ein Stück Fleisch, es muss nicht viel sein. Wir beziehen es vom Bauernhof meiner Schwester.

Sie trinken viel Milch – essen Sie auch gerne Käse?

Wir besitzen ein «Alphüttli». Dort oben können wir uns von der Hektik des Alltags erholen. Raclette und Fondue gehören fast zur Tagesordnung. Das gibt dem Hüttenleben die Ambiance.

Begeistern Sie exotische Gerichte?

Ja, vor allem die chinesische Küche.

Welche Rangliste würden Sie bei der internationalen Küche aufstellen?

Schweiz, Frankreich, China.

Was bedeutet Ihnen der Wein?

Ein guter Schluck zum Essen, warum nicht? Mit Vorliebe ein Schweizer Weisswein, ein roter Waadtländer oder ein Italiener.

62

BIRCHERMÜESLI

Rezept für 4 Personen

Hansruedi Wandfluh

ZUTATEN

Birchermüesli

8 volle EL Müeslimischung

4 EL Milch

500 g Jogurt (Apfel, Nature oder das Aroma der später verwendeten Früchte)

2 EL Zitronensaft

4 mittelgrosse Äpfel

200 g frische Saisonfrüchte, wie Erdbeeren, Himbeeren, Johannisbeeren, Heidelbeeren oder zerkleinerte Aprikosen, Pfirsiche, Pflaumen, Zwetschgen oder auch Bananen, Mandarinen, Orangen usw.

ZUBEREITUNG

Birchermüesli

Müeslimischung in eine Schüssel geben, Milch beifügen, kurze Zeit stehen lassen. Die Menge der benötigten Milch richtet sich nach der Sorte der verwendeten Äpfel und kann später ergänzt werden. Jogurt und Zitronensaft beigeben und umrühren.
Äpfel waschen, Fliege und Stiel entfernen. Äpfel durch die Bircherraffel direkt in die Sauce reiben und sofort mischen. Saisonfrüchte beigeben.

Tipps

Anstelle der Müeslimischung können auch Hirse- oder Haferflocken verwendet werden. Anstelle der Milch kann auch Kondensmilch mit Wasser beigegeben werden. Zur Verfeinerung können fein geschnittene Feigen, Datteln und Nüsse beigefügt werden sowie Rosinen. Das Birchermüesli ist sofort nach dem Zubereiten zu servieren.

Beilagen
Brot, Butter und Käse

Getränke
Kalte Milch, Kaffee oder der Weintipp.

Weintipp von Klaus Schilling

MUSCAT SEC DE LUNEL, F
Domaine La Côte du Mazet

Wer so gesund lebt, trinkt selten Wein zum Birchermüesli. Jedes Experiment im Gaumen ist aber ein Erlebnis. Muscat sec oder sogar Süsswein. Versuchen Sie es einmal!

HANS BURN

Neben der Schweizer Küche hat sich die asiatische Küche zum Liebling des Skirennfahrers entwickelt.

Hans Burn, haben Sie ein Lieblingsrezept?

Eigentlich gibt es viele Dinge, die ich gerne mag. Diesbezüglich bin ich sehr vielseitig. Natürlich habe ich einige Favoriten wie zum Beispiel Riz Casimir oder Berner Platte.

Woher stammt Ihre Vorliebe für diese Gerichte?

Berner Platte mit Sauerkraut kochte meine Mutter im Winter oft. Seit damals mag ich dieses Gericht. Zu Hause konservierten wir das Sauerkraut immer selber. Leider wird dies heute kaum mehr gemacht, aber im eigenen Keller das Sauerkraut aus dem Fass zu holen, ist schon etwas besonderes. Früher stand das Fass irgendwo im Gaden. Heute macht man es sich einfacher und kauft das Sauerkraut im nächsten Laden. Dadurch spart man Zeit, verliert aber eine mir liebe Tradition.

Gibt es Gerichte, die Sie sich als Kind von Ihrer Mutter gewünscht haben?

Da gibt es natürlich mehrere! Kartoffelgratin, Lauchauflauf, Gehacktes und vieles mehr, das ich immer sehr gerne hatte. Ich bin auch überhaupt nicht heikel – ausser Gemüse, da habe ich mit einigen so meine liebe Mühe! Gurken und Fenchel mag ich überhaupt nicht! Ich erkenne sogar, wenn jemand die Gurken aus einem bereits zubereiteten Salat herausgepflückt hat! Meine Nase ist sehr empfindlich.

Worauf achten Sie, wenn Sie auswärts essen gehen?

Das allerwichtigste ist die Freundlichkeit. Wenn die stimmt, hat das Restaurant bereits viel gewonnen. Leider gibt es oftmals grosse Unterschiede zwischen den Restaurants. Ich finde es sehr schade, wenn darauf nicht geachtet wird.

Können Sie kochen?

Natürlich – als Hausmann muss man das können! Sonst würde mir meine Frau noch «eingehen»!

Es gibt also eine klare Aufgabenteilungen für die Zeit, in der Sie zu Hause sind?

Ja – aber mein Repertoire muss ich noch ausbauen. Mit der Zeit läuft man Gefahr, sich auf die Rezepte zu beschränken, die sitzen. Also gebe ich mir Mühe, noch vieles dazu zu lernen.

Viele prominente und exponierte Menschen ziehen privat Gerichte vor, die eher einfach sind. Gilt dies auch für Sie?

Sicher, sehr sogar. Gutes Essen hängt in meinen Augen nicht von der Anzahl der gereichten Gänge ab. Ich liebe einfache, währschafte Ge-

PERSÖNLICH

Hans Burn, geboren am 1. Februar 1965, war als gelernter Automechaniker in der Industrie- und Maschinenmechanik tätig. 1983 wurde er das Opfer eines Verkehrsunfalls. Seit 17 Jahren gehört der Unterschenkelamputierte zum Nationalteam der Behindertensportler und war bereits bei vier Olympischen Spielen dabei. Zu den fünf Olympiasiegen und fünf Weltmeistertiteln reihen sich unzählige andere Spitzenergebnisse. Heute arbeitet Hans Burn, der kürzlich seine Gaby heiratete, als Orthopädie-Techniker und Hausmann. Sein Hobby gilt immer noch dem Motorsport – leider nur noch passiv.

richte wie Gratin, Eintöpfe oder ähnliches. Eintöpfe liebe ich sogar sehr! Sicher mag ich zwischendurch auch eine etwas aufwändigere Küche, dies aber eher selten.

Sie sind mit der Nationalmannschaft sehr viel auf Reisen. Welche Erfahrungen haben Sie mit dem Essen gemacht?

Skifahren als solches wirkt natürlich recht einschränkend. Man reist an, fährt das Rennen und reist kurz darauf gleich wieder ab. Man hat keine Zeit, das Land kennenzulernen. Klar könnte man noch ein paar Tage anhängen – dies ist aber wieder eine Preisfrage. In Amerika letztes Jahr war das Essen eine grosse Enttäuschung, sogar eine Katastrophe! Wir waren in einem Hotel mit Vollpension einquartiert, und die ganze Mannschaft verliess geschlossen das Restaurant, weil das Essen so mies war! Absolut ungeniessbar. Zum Glück haben wir auch andere Erfahrungen machen können – leider wenige. In Deutschland, Italien oder Frankreich ist das Essen nie ein Problem. Japan wiederum ist sehr speziell.

Ich bin glücklicherweise ein kulinarischer Globetrotter und mag viele verschiedene Küchen. Während vielen Jahren arbeitete ich als Monteur

«Ich liebe einfache, währschafte Gerichte wie Gratin und Eintöpfe»

im Ausland. Lange Zeit habe ich damals in China verbracht, in der Türkei und in Amerika. So entdeckt man in jedem Land spezielle, gute Gerichte.

Haben Sie im Laufe Ihrer vielen Reisen eine Vorliebe für eine spezielle Küche entwickelt?

Neben der Schweizer Küche hat sich die chinesische, allgemein die asiatische Küche, zu meinem Liebling entwickelt. Die Asiaten haben ein grosses Talent, verschiedenste Zutaten zu einem harmonischen Ganzen zusammenzufügen. Es ist eine leichte, bekömmliche Küche – ausser Pekingente, da soll niemand behaupten, dass diese leicht ist! In China kann man sich meist die Ente aussuchen, die man essen möchte – sie hängen im Restaurant an einer Stange und man kann auswählen, welche Ente zubereitet werden soll!

Wie steht es mit den anderen Ländern und deren Küchen?

Ich war schon verschiedene Male in Skandinavien und habe von Rentierfleisch bis Fisch ziemlich alles ausprobiert. Schnecken in Frankreich lasse ich aber aus!

Wie wichtig ist Ihnen das Essen?

Ich finde es sehr wichtig, geniesse und esse gerne, wenn ich Zeit habe. Hingegen esse ich nicht gerne spät am Abend, lieber bereits am späteren Nachmittag, damit ich wegen dem vollen Magen nicht Mühe mit Einschlafen habe. Offizielle Nachtessen mit mehreren Gängen sind mir ein Greuel. Meine Verdauung macht solche Torturen nicht mit.

Wie sieht es mit der Geselligkeit während des Essens aus?

Ich mag spontane Besuche von Freunden und Familie. Unkomplizierte Treffen, an denen ein einfaches Gericht den Tag abrundet, eine Polenta oder ein Risotto zum Beispiel. Natürlich laden wir auch ganz gezielt Freunde zum Essen ein und treffen dann entsprechende Vorbereitungen. Ausnahmsweise kann es dann auch schon mal einen Viergänger geben.

Achten Sie speziell auf Ihre Ernährung?

Eigentlich nicht. Skifahrer sind nicht typische Ausdauersportler. Bei Skirennen beschränkt sich die Leistung auf zwei Minuten. Langläufer oder Langstreckenläufer müssen über lange Distanzen, manchmal stundenlang, ihre Leistung bringen. Sie müssen viel mehr auf ihre Ernährung achten. Deshalb dürfen wir etwas freier essen.

Wie sieht es aus mit der Qualität der Nahrungsmittel?

Ich muss zugeben, dass ich nicht gerne Gemüse esse – deshalb schaue ich dort nicht so genau, wo ich einkaufe. Käse oder Fleisch kaufe ich aber gezielt bei Kollegen oder Bekannten hier in der Umgebung oder in Adelboden, wo ich herkomme. Mein Trainer lebt in Adelboden, und er bringt mir regelmässig ganz tollen Käse mit.

Begleitet eine Ration dieses Käses auch die Ski-Nationalmannschaft auf ihren Reisen?

Tatsächlich nehmen wir meist ein Stück mit! Eine Notration quasi – wobei wir ab und zu Mühe haben, den Käse in ein Land einzuführen!

Gibt es Leckerbissen, denen Sie nicht widerstehen können?

Schwierige Frage – eigentlich kann ich allem widerstehen, wenn ich will. Aber es gibt natürlich kleine Dinge, die ich sehr gerne mag. Ein

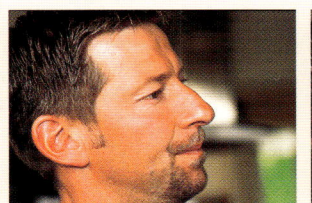

Stückchen Schokolade finde ich etwas ganz Feines. Ich esse auch gerne und viele Früchte. Unkoordiniertes Essen von Nüssli oder ähnlichen Fettmachern mag ich gar nicht. In Frankreich habe ich gerne eine kleine Käseplatte zum Dessert, in Italien natürlich ein frisches Tiramisù – je nachdem wo ich mich befinde oder was im Angebot ist.

es noch lange nicht, dass ich das essen muss. Es käme mir nicht in den Sinn, in den nächsten Delikatessenladen zu rennen und etwas Teures zu kaufen, um dann festzustellen, dass es mir gar nicht schmeckt! Froschschenkel oder Ähnliches meide ich auch.

«Käse und Fleisch kaufe ich bei Kollegen oder Bekannten hier in der Umgebung»

Was bedeutet für Sie kulinarischer Luxus?
Weinbergschnecken, Gänseleber oder Kaviar – den habe ich im Übrigen auch noch gar nie gegessen. Nur weil etwas «in» oder chic ist, heisst

Spiez, Bucht und Schloss: Blick auf Sigriswilergrat und Niederhorn

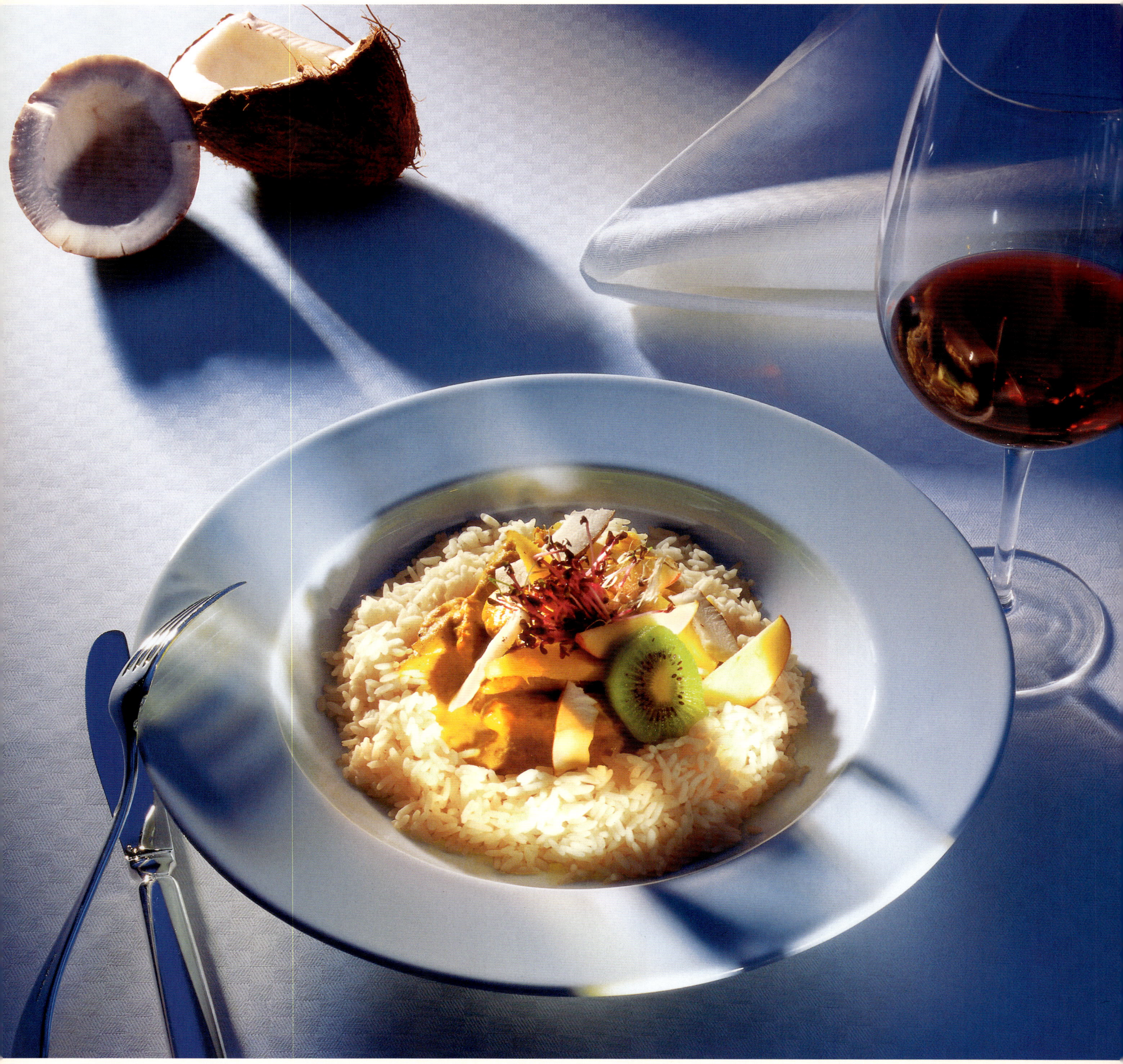

RIZ CASIMIR

Rezept für 4 Personen

ZUTATEN

Riz Casimir

500 g geschnetzeltes Kalbfleisch

Salz und Pfeffer

1 TL Bratbutter

1 Zwiebel

1 Apfel

1 Banane

1 TL Butter

1 TL Curry

1 TL Kokosflocken

5 dl Hühnerbouillon

1 TL Mango-Chutney; nach Belieben

Sojasauce

Sambal Oelek oder Tabasco

Salz und Pfeffer

Etwas Orangensaft

2 dl Rahm

ZUBEREITUNG

Riz Casimir

Zwiebel schälen und grob hacken. Den Apfel schälen und klein würfeln. Die Banane schälen und in Rädchen schneiden.

In einer mittleren Pfanne die Butter erhitzen. Die Zwiebel darin hellgelb dünsten. Apfel und Banane beifügen und kurz mitdünsten. Dann Currypulver und Kokosflocken darüberstreuen. Alles gut mischen und kurz mitdünsten. Die Hühnerbouillon dazugiessen. Nach Belieben das Mango-Chutney beifügen. Die Sauce ungedeckt zwanzig Minuten leise kochen lassen. Dann mit dem Stabmixer fein pürieren. Die Currysauce mit Sojasauce, Sambal Oelek oder Tabasco, Salz und Pfeffer würzen. Orangensaft und Rahm dazugiessen, und die Sauce noch so lange weiterkochen, bis sie leicht cremig bindet.

Das Fleisch mit Salz und Pfeffer würzen. In Portionen in der heissen Bratbutter kurz, aber kräftig anbraten. Das Fleisch in die Currysauce geben und nur noch gut heiss werden lassen. Den Riz Casimir nach Belieben mit frischen Früchten (z.B. Bananen, Ananas, Kiwi) garnieren. Traditionell wird das Gericht im Reisring serviert.

Weintipp

Dazu schmeckt Rotwein vorzüglich, wie beispielsweise ein Cabernet Sauvignon.

Weintipp von Klaus Schilling

CABERNET SAUVIGNON, MONT GRAS Colchagua Valley, Chile

Ein währschaftes Essen. Viel Zeit für Freunde. Die Vitamine aus den Früchten und die flüssige Erinnerung an ferne Erfolge im Sport. Die Gäste profitieren von der Küchenarbeit des Hausmannes.

ERNST SCHERZ

Für den Gstaader Hotelier ist ein gemütliches Abendessen zusammen mit Freunden die Belohnung des Tages.

Herr Scherz, haben Sie ein Lieblingsrezept?
Ich habe in jedem Land ein Lieblingsrezept. In der Schweiz ist es zum Beispiel eine Spezialität, welche wir seit Jahrzehnten in unserem Hotel anbieten: La Truite au Dézaley.

Sie sind ein Kosmopolit – haben sich aus Ihrem Lebensstil Vorlieben für Küchen anderer Länder ergeben?
Im Prinzip mag ich die karge, einfache Küche. Die Gourmettempel, wo immer sie sich befinden, gehören nicht zu den Dingen die ich mag. Sie sind viel zu kompliziert – ich ziehe zwei gute Gänge einem fünfgängigen Essen vor, bei dem ich bei jedem Gang jeweils zwanzig Minuten warten muss!

Wie essen Sie privat? Kochen Sie auch?
Am Abend verstehe ich in dieser Hinsicht gar keinen Spass! Das gibt es nicht, dass ich abends um neun Uhr den Kühlschrank plündere. Ich achte immer darauf, dass ich mit Freunden oder Bekannten essen kann. Vielleicht nur einen Gang, Käseschnitten zum Beispiel, oder Risotto, etwas vom Grill – gestern Abend bei mir zu Hause haben wir Forelle auf dem Holzkohlengrill zubereitet. Danach gabs Hühnerschenkel und vorher noch etwas Melone. Abends esse ich gerne gut, dazu ein gutes Glas Wein. Mittags darf ich nichts Alkoholisches trinken, ansonsten würde ich gleich umfallen!

Sie arbeiten viel und sehr intensiv...
Ja, manchmal – aber nicht immer! Mittlerweile habe ich Zeit, um das Leben zu geniessen. Früher habe ich sehr viel gearbeitet. Jetzt bin ich dabei, meinem Sohn so langsam das Hotel zu übergeben. Er nimmt mir viel ab. So muss ich nicht mehr morgens um acht Uhr die Kasse öffnen! Dafür habe ich heute Menschen, die mir dies alles abnehmen.

Kochen Sie oft?
Eigentlich habe ich zuwenig Routine, weil ich ja lange Jahre nicht mehr kochte und nun wieder alleine lebe. Dafür habe ich jetzt Gelegenheit, meine Routine wieder aufzubauen! Vorher hat man mich immer aus der Küche geschickt! Am Schluss beherrschte ich lediglich noch vier Gerichte – mein Repertoire kommt aber langsam wieder in Gang!

Wie wichtig ist für Sie Essen – haben Sie Zeit zum Geniessen?
Sehr wichtig – vorausgesetzt ich habe gute Begleitung! Die schlimmste Strafe, die man mir auf-

PERSÖNLICH

Ernst Andrea Scherz, Jahrgang 1939, ist seit 31 Jahren Leiter und Hauptaktionär des Palace Hotel Gstaad. Die Hobbys des Hoteliers sind der Modellflugzeugbau, das Boot auf dem Mittelmeer, Heliskiing, Schwimmen, Tauchen und Wandern. «Aus Zeitgründen», wie er sagt, spielt Ernst Scherz kein Golf.

«Im Prinzip mag ich die karge, einfache Küche»

bürden kann, ist, mich alleine essen zu lassen! Alleine im Restaurant oder auch alleine zu Hause, das mag ich gar nicht. In diesem Fall ziehe ich es vor, auf das Essen zu verzichten. Aber sobald ich ein paar Personen um mich habe und wir es lustig haben, dann ist ein gemütliches Abendessen für mich die Belohnung des Tages!

Existieren in Ihrem Leben Rezepte, welche bei Ihnen Erinnerungen an Ihre Kindheit auslösen?

Oh ja – Ich bin fast ausgeflippt, als ich Fotzelschnitten bekommen habe! Da sind mir beinahe die Tränen gekommen! Während dem zweiten Weltkrieg haben wir dies sehr oft serviert bekommen, zusammen mit Rhabarberkompott. Damals gab es den lieben langen Tag Rhabarber, weil meine Mutter so viele Rhabarberstauden im Garten hatte. Kartoffelbrot, welches Fäden zog. All dies löst intensive Erinnerungen aus.

Existierten auch in Ihrer Familie spezielle Traditionen kulinarischer Art?

Daran kann ich mich nicht richtig erinnern. Mit meiner ersten Frau zusammen haben wir Traditionen eigentlich erst aufgebaut. Meine zweite Frau hat später ganz andere kulinarische Gewohnheiten mitgebracht. Von meiner Mutter her sind mir Erinnerungen hauptsächlich aus dem zweiten Weltkrieg geblieben. Furchtbare Dinge manchmal: Milchreis – den haben wir Kinder gehasst wie Gift! Weihnachtsmenüs haben wir auch nicht gekannt. Ich war mein Leben lang an Weihnachten immer im Hotel und so konnte auch keine Familientradition entstehen.

Wie haben Sie Ihr Leben, Ihre Kindheit, im Palace Gstaad erlebt?

Ich habe meine Kindheit und meine Familie zu dieser Zeit als sehr schön und harmonisch empfunden. Wir wohnten in einem Haus neben dem Hotel. Meine Eltern kamen nach Hause wenn es gerade ging. Wir Kinder durften nur ins Hotel wenn es die Eltern erlaubten oder uns dazu aufforderten. Später gab es ein Esszimmer für die Patronfamilie im Hotel. Dort war es Pflicht, um 12.30 Uhr und 19.30 Uhr zum Essen am Tisch zu sitzen. Es gab einen Patronkellner, der nur für uns da war. Mit uns assen damals auch noch ein paar Herren aus den Büros – so waren immer an die zehn Personen am Tisch, soviel wie Platz fanden. Dies waren unsere täglichen Familienessen – die Kinder hatten zu schweigen und die Teller leer zu essen – Disziplin war gefragt! Später, zu meiner Zeit, musste das Patronzimmer einem Umbau weichen. Meine Frau und ich hatten ein eigenes Chalet und pflegten ein schönes Familienleben. Unsere Kinder kamen am Mittag meist ins Hotel zum Essen und das hat in all den Jahren sehr gut geklappt.

Gehen Sie selber für Ihren persönlichen Bedarf einkaufen?

Natürlich, wenn das Hotel geschlossen ist muss ich selber über die Runden kommen. Jetzt da ich alleine bin, bereitet mir die Hotelküche eine Reihe von ausgezeichneten Tiefkühlspeisen vor – Lasagne, Ravioli, verschiedene Saucen und vieles mehr. So habe ich einen vollen Tiefkühler und gehe lediglich ein paar Frischprodukte einkaufen. Eigentlich kaufe ich sehr gerne selber ein, bin aber ein Anfänger und muss noch vieles lernen.

Wo kaufen Sie für sich ein?

Ausschliesslich in den Gstaader Geschäften. Wir haben hier ein ausgezeichnetes Comestible-Geschäft, ich geniere mich aber gar nicht, auch mal im Coop oder in der Migros einzukaufen. Für unseren Hotelbetrieb berücksichtigen wir so viele lokale Geschäfte, dass ich mich eigentlich nicht einschränken muss und die Geschäfte frei auswählen kann.

Sie leben in einem luxuriösen Ambiente – was bedeutet für Sie heute kulinarischer Luxus?

Für mich heisst dies, jeweils das Beste zu bekommen, das erhältlich ist. Hier in der Schweiz kann man zu irgendjemandem nach Hause gehen; es werden selber Würste hergestellt – selbst geschlachtet, gewurstet und geräuchert und so entstehen einzigartige Produkte. Genau gleich existieren einzigartige Käse in einer grossen Vielfalt in den verschiedenen Regionen. In Meerregionen findet man Menschen, die eine spezielle Fischsuppe kochen – diese Suppe ist besser als jede Suppe, die in irgendeinem Restaurant angeboten wird – eben weil auch sie einzigartig ist. Den Menschen vor Ort zuzusehen, wie sie ihre Fischsuppe kochen – all dies bedeutet mir viel und erhält den Status von kulinarischem Luxus. Eine kulinarische Strafe ist ein Besuch bei Alain Ducasse im Louis XV in Monte Carlo, wo ich einen Abend lang leiden muss!

Was ist so schlimm daran?

Das Louis XV ist superluxuriös mit allem Drum und Dran. Die Damen erhalten einen kleinen Schemel für ihre Handtasche, die Bestecke sind aus Gold – sogar die reichsten Leute sind halb eingeschüchtert, weil es so vornehm ist und dermassen nobel zugeht! Jede Handreichung wird mit grösstem Pomp zelebriert, die Übergabe der Karte ist schon das grösste Theater. Man wagt kaum zu fragen, was in den Menüs enthalten ist. Das geschieht mir, einem langjährigen Hotelier und jetzt stellen Sie sich vor, wie sich die anderen Gäste fühlen! Dann zieht sich die ganze Esserei über vier Stunden hin und danach ist man zwei Tage lang krank, weil es schlicht und einfach zuviel war. Die Gerichte an und für sich sind sehr gut, da gibt es nichts auszusetzen – aber eben, ich ziehe die einfache Küche vor. Fast so schlimm ist es für mich, wenn mich eine Hausfrau einlädt, mich mit einem üppigen Mehrgänger verwöhnen will und das Kochen nicht beherrscht! Anstatt dass sie mir ihr Geschnetzeltes vorsetzt, das sie so gut kann! Oder auch einen Teller Spaghetti – aber die müssen al dente sein. Mittlerweile sollten alle Teigwaren richtig kochen können. Ich werde richtig wütend, wenn die Tomatensauce nach Maggi riecht oder die Teigwaren weichgekocht sind!

«Eigentlich kaufe ich sehr gerne ein, bin aber ein Anfänger und muss noch viel lernen»

Welchem Leckerbissen können Sie nicht widerstehen?

Da gibt es vieles! Ich mag Schokolade und überhaupt alles, was dick macht! Vielleicht esse ich auch deshalb nichts zu Mittag – weil ich keinen Hunger habe und auch darauf gut verzichten kann. Wenn ich mich trotzdem mal an den Tisch setze und die anderen sehe, die essen, nehme ich eben doch ein bisschen von diesem und ein bisschen von jenem – et voilà, schon habe ich zuviel! Ein Leckerbissen aus meiner Kindheit ist mir ebenfalls in Erinnerung geblieben. Als Kind suchten wir in einem Wäldchen in der Nähe nach Tannzapfen, die diese kleinen, feinen Buchnüsschen enthielten. Kennen Sie die? Die exisiteren offenbar heute nicht mehr. Als ich ähnliche Kerne in Amerika fand – sie nennen die Nüsse dort Pinienkerne – hatte ich ein richtiges Flashback in meine Kindheit. Diese Nüsse – eigentlich sind es eher Kerne – waren zwar nicht identisch mit denen aus meiner Jugend, aber es war schön, dieses Erlebnis zu haben und daran erinnert zu werden.

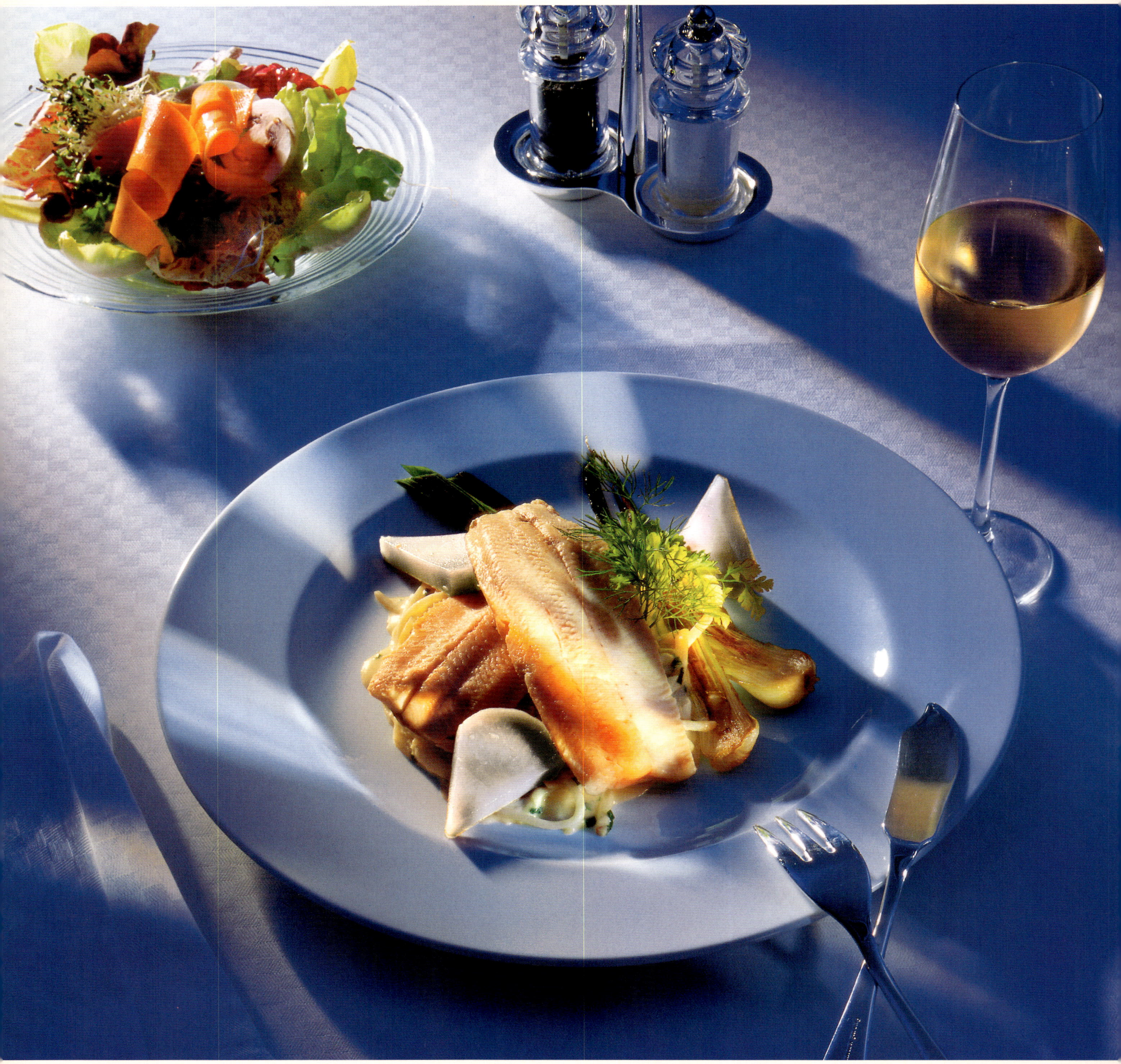

FILETS DE TRUITE AU DÉZALEY «PALACE»

mit Salat, Reise und Gemüse, Rezept für 4 Personen

Ernst Scherz

ZUTATEN

Filets de Truite

2 Forellen von ca. 250 g filetieren und Haut entfernen

60 g Butter

60 g geraffelter Sellerie

60 g weisser Lauch

Pfeffer und Salz

1 dl Weisswein Dézaley

1 dl Rahm

100 g Butter

Schnittlauch

150 g weissen Reis oder Salzkartoffeln

150 g kleine, zarte Rüben

ZUBEREITUNG

Salat
Sommersalate mit einer leichten Salatsauce

Filets de Truite
Wenig Butter in der Pfanne zergehen lassen und Sellerie, Lauch, Pfeffer, Salz und Dézaley dazugeben. Im Ofen zugedeckt während drei Minuten ziehen lassen. Die Forellenfilets in den Sud legen und den Wein reduzieren lassen. Rahm und Butter dazu rühren. Den Schnittlauch ganz am Schluss zufügen, damit er nicht braun wird.

Zusammen mit weissem Reis oder Salzkartoffeln sowie kleinen, zarten Rüben, kurz gedünstet und mit Butter abgeschmeckt servieren.

Weintipp von Klaus Schilling

DÉZALEY DE L'ÉVÊQUE
Fonjallaz S.A., Epesses VD

Zum Repertoire des Geniessers aus beruflichen Gründen gehört der Wein aus dem steilsten Rebberg am Genfersee. Ideal zur Bergforelle.
Beides sind Geschenke der Natur.

BERNHARD MÜLLER

Das Rezeptheft seiner Kochschullehrerin begleitet den Liebhaber der tibetanischen und nepalesischen Küche noch heute.

Sie haben mehrere Jahre in Nepal gelebt. Haben Sie Ihr Herz auch an die tibetanische und nepalesische Küche verloren?

Ich war stets ein leidenschaftlicher Sportler. Bereits in der Schweiz, von Beginn meiner sportlichen Tätigkeiten an, habe ich auf eine gesunde und ausgewogene Ernährung geachtet. Später, als Mitglied der Regierung, lernte ich die

«Auf meinen Reisen lernte ich viele verschiedene Küchen kennen»

zeitweise eher überladene Cuisine française kennen. Ich gebe ehrlich zu, dass ich mit all diesen üppigen Gelagen und grossen Diners meine liebe Mühe hatte und zwischendurch auch angeeckt bin, weil ich nicht alles mitmachte und Mass hielt. Die einfache, aber durchaus schmackhafte und gesunde Kost liegt mir eher. Auf meinen Reisen in der ganzen Welt lernte ich viele verschiedene Küchen kennen. Ich mag die fernöstliche Küche und wirklich verfallen bin ich der tibetanischen und nepalesischen Küche.

Ihre Reisen führten Sie auch in die Volksrepublik China. Welche Reize hält die chinesische Küche für Sie bereit?

Ich bin begeistert von der Vollständigkeit und Bekömmlichkeit der chinesischen Küche und liebe sie sehr. Entgegen der vorherrschenden Meinung gibt es in diesem grossen Land regional viele unterschiedliche und charakteristische Küchen.

Die Essgewohnheiten der Asiaten unterscheiden sich stark von den unsrigen. Welche Erfahrungen machten Sie auf Ihren ausgedehnten Reisen in Tibet und Nepal?

Sowohl die tibetanische wie auch die nepalesischen Speisen sind sehr leicht und bekömmlich und liefern dem Körper während den Anstrengungen und Strapazen fast alles, was es in dieser Höhe braucht. Auf den langen Touren, die ich organisiere, begleitet uns stets ein einheimischer Spitzenkoch, der die Speisen zeitweise mit einer währschaften Rösti oder anderen, vielleicht eher untypischen Zutaten ergänzt.

Kochen Sie selbst auch?

Ich musste bereits als Bub zwischendurch zum Kochlöffel greifen, wenn meine Mutter im Tal war und wir Männer oben auf dem Berg, oder auch umgekehrt. Mein grosses Glück war, dass ich in

PERSÖNLICH

Bernhard Müller, geboren 1931 und aufgewachsen in einer Bergbauernfamilie in Scharnachtal. Der ehemalige Lehrer und studierte Biologe sowie Volkswirtschafter war Mitglied des Nationalrats sowie Regierungsrat (Volkswirtschaftsdepartement). Er ist Chef verschiedener Entwicklungsprojekte und hat Einsitz in mehreren internationalen Organisationen sowie im Bundesamt für Umweltschutz.
Der Autor von acht Büchern organisiert Expeditionen nach Tibet und Nepal und kennt die fernen Länder bestens.

der neunten Klasse der Sekundarschule Frutigen die Kochschule besuchen durfte. Das Rezeptheft unserer Kochschullehrerin, Fräulein Thierstein, begleitet mich heute noch. Als alleinstehender Lehrer in Faltschen kochte ich für mich selber, manchmal mit viel Fantasie! Viele Jahre lang hatte ich dann keine Zeit mehr, selber zu kochen. Aber heute, wenn ich Gelegenheit, Zeit und Lust dazu habe, koche ich gerne ein tibetanisches oder nepalesisches Rezept.

Gibt es in Ihrer Familie eine Essenskultur, die Sie nachhaltig geprägt hat und die Sie heute an Ihre eigene Familie weitergeben?

Ja sicher. Meine drei Söhne sind durch den mehrjährigen Aufenthalt in Nepal immer noch sehr mit der asiatischen Küche verbunden. Meine Frau ist eine Kochkünstlerin und hat immer sehr gerne gekocht. In Nepal und Tibet hat sie sich kurz entschlossen der lokalen Küche zugewandt und später auch zu Hause in Scharnachtal des Öftern Ratskollegen oder ausländische Besucher mit fernöstlicher Küche überrascht. Unsere Kochkultur hat sich über die Jahre so entwickelt, dass wir uns abwechslungsweise zwischen bodenständiger Oberländerküche, chinesischer, tibetanischer, nepalesischer oder Küchen verschiedener Länder bewegen. Gerne einfach, aber frisch und schmackhaft.

Was bedeutet für Sie ein kulinarischer Luxus?

Wenn ich mit meiner Frau in Kathmandu bin, besuche ich mit ihr das Dachrestaurant im Fünf-Sterne-Hotel Everest. Dort lassen wir uns mit einem rein tibetanischen Menü verwöhnen. Schlussendlich kostet uns dieser Luxus rund Fr. 17.–! Ein solches Erlebnis ist für mich auch ein Beitrag an mein seelisches Wohlbefinden. In Nepal und Tibet finde ich in der Ruhe der Menschen auch mein inneres Gleichgewicht und versuche, mir daran ein Beispiel zu nehmen.

Mit welchen Leckerbissen kann man Sie aus der Reserve locken?

Ich bin ein «Dessertmoudi» und liebe Süsses! Angefangen in Italien mit einem Tiramisù oder einem Glacedessert hier in der Schweiz oder irgend einer Süssspeise aus dem Tibet – ich bin für vieles zu begeistern! Die Desserts in Asien sind fantasievoll und abwechslungsreich – absolut überwältigend. Eines meiner Lieblingsdesserts sind mit Zucker aufgekochte Himbeeren, die nach dem Abkühlen mit Jogurt, Rahm und Quark vermischt werden. Darüber werden Weinbeeren gestreut, die ebenfalls vorher mit Zucker aufgekocht werden und schlussendlich noch leicht angebratene Kokosflocken. Das ist ein Festmahl!

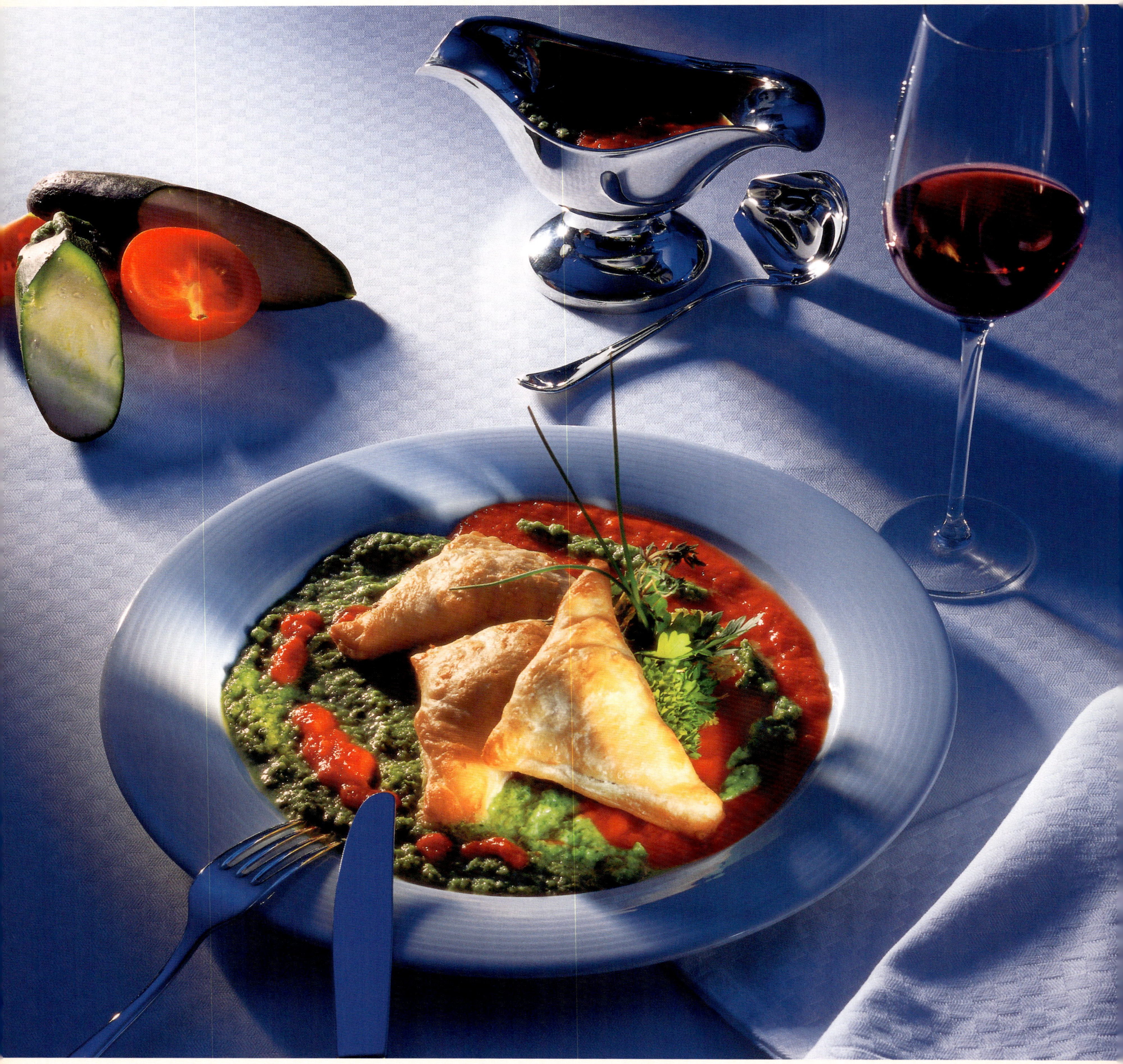

«HIMALAJA-ZNACHT»

Rezept für 4 Personen

Bernhard Müller

ZUTATEN

Teig

250 g Mehl

2 Eier

2–4 EL Wasser

1 EL Öl

Füllung

300 g Hackfleisch gemischt

100 g Reibkäse

Salz, Pfeffer, Basilikum

Zwiebeln und Knoblauch

Zucchettilook

400 g Zucchetti

Salz und Pfeffer

Reibkäse

3 EL Rahm

Etwas Mehl

Tomatensauce

3–4 Tomaten

Zwiebeln und Knoblauch

1 TL Zucker

Salz

Himalaja-Dessert

500 g Naturejogurt

100 g Schlagrahm

Zucker, Zimt

Kokosflocken

Weinbeeren

ZUBEREITUNG

Teig

Teig solange kneten, bis er geschmeidig ist. Eine Stunde ruhen lassen. Auswallen und Rondellen (Momos) oder Vierecke ausstechen, Füllung einbringen und mit Wasser zukleben, 8 bis 10 Minuten im Steamer ziehen lassen.

Füllung

Hackfleisch gut anbraten, Zwiebeln und Knoblauch dazugeben und andämpfen, restliche Zutaten beimischen, würzen und etwas ziehen lassen.

Zucchettilook

Vier Zucchetti mit wenig Fett andämpfen, passieren oder gut mixen, übrige Zutaten beigeben, kurz aufkochen.

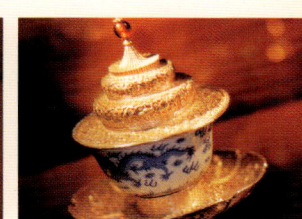

Tomatensauce

Tomaten dämpfen, passieren oder gut mixen, Zwiebeln und Knoblauch dämpfen, restliche Zutaten beimischen und leicht aufkochen. Wenn nötig mit einem Esslöffel Mehl binden.

Die gefüllten Momos zusammen mit dem Zucchettilook und der Tomatensauce auf den Tellern anrichten und servieren.

Himalaja-Dessert

Weinbeeren in Zucker aufkochen und abkühlen lassen. Schlagrahm steif schlagen. Naturejogurt, Zimt und Zucker gut vermischen, Schlagrahm darunterziehen und die ganze Masse gut kühlen. Vor dem Servieren Weinbeeren über die Creme streuen. Kokosflocken in wenig Butter leicht in der Bratpfanne anbraten und über die Creme streuen. Servieren.

Getränke

Santa Cristina aus der Toscana, Rioja, Wasser oder Twinings Earl Grey Tea.

Weintipp
von Klaus Schilling

MARQUES DE RISCAL – Rioja E

Die Vorliebe des Tibetkenners für einen südländischen Wein bettet sich hervorragend ein in die kulinarischen Vorzüge um die höchsten Berge der Welt.

CHRISTIAN VON WEISSENFLUH

Kaum einer weiss besser, dass Liebe durch den Magen geht, als der mehrfach ausgezeichnete Schwinger.

Welches ist Ihr Lieblingsrezept?

Mein favorisiertes Rezept sind Lachsnudeln mit einem feinen Glas Rioja. Meine Frau hat mich ganz am Anfang unserer Beziehung damit verwöhnt, vorher habe ich dieses Rezept nicht gekannt.

Ihre Frau hat demnach das Sprichwort «Liebe geht durch den Magen» auf Sie angewendet und Sie damit gewonnen?

(Lacht) Fast so wars!

Existiert für Sie ein Rezept, das Sie direkt mit Ihrer Kindheit assoziieren?

In meinem Fall war es eher meine Grossmutter, die uns immer Mehlröst mit Kirschen gemacht hat. Dafür wird Mehl in der Pfanne geröstet und diese Brösel werden dann auf die gekochten, kalten Kirschen gestreut. Herrlich! Leider ist dies ein Rezept, das heute praktisch niemand mehr kennt. Es hat mich während meiner Kindheit begleitet und mir läuft heute noch das Wasser im Mund zusammen, wenn ich daran denke.

Kochen Sie selbst auch?

Jedes Jahr einmal! Nein, im Ernst. Ich kann Reis kochen – ist ja auch nicht schwierig – oder auch ab und zu ein gutes Stück Fleisch. Aber mit kunstvollen Saucen habe ich gar nichts am Hut, ganz einfach, weil ich sie nicht beherrsche. Grillieren, das kann ich auch gut, jedenfalls wenn das Fleisch schon mariniert ist!

Wie sieht Ihr kulinarischer Werdegang aus? Welchen Bezug haben Sie zum Kochen und Essen?

Bei uns zu Hause ging es wie in vielen Familien zu. Meine Mutter arbeitete hauptsächlich im und um das Haus und die Männer waren für die Arbeit ausser Haus zuständig. Jedenfalls war das noch zu meiner Zeit als Bub so. Deshalb wurde ich auch nicht in die Kunst des Kochens eingeweiht.
Das eine oder andere Mal ging ich meiner Mutter in der Küche zur Hand, wenn es mal schnell gehen musste. Aber dann war ich halt Handlanger und kochte nicht selbst. Zwei, drei Dinge habe ich damals schon gelernt, aber eben nicht vollständige Gerichte.

Wie wichtig ist für Sie das Essen?

Wenn genügend Zeit vorhanden ist, finde ist es schön und erholsam, einen gemütlichen Abend mit gutem Essen und Freunden oder der Familie zu verbringen. Leider ist dies viel zu selten der Fall.

PERSÖNLICH

Christian von Weissenfluh, Jahrgang 1965, ist einer der ganz «Bösen» im Sägemehlring. Der gelernte Maurer entführte bisher insgesamt 84 Auszeichnungen und Kränze. Der zweifache Eidg. Kranzschwinger gewann unter anderem auch Bergfeste wie Rigi ('96) und das Brünig-Schwinget ('93). Heute arbeitet Christian von Weissenfluh als selbstständiger Landschaftsgärtner in Uetendorf. Er ist geschieden, hat drei Mädchen und lebt mit seiner Lebenspartnerin und dem gemeinsamen Töchterchen zusammen. Seine Hobbys gelten dem Skifahren sowie dem gemütlichen Zusammensein im Familien- und Freundeskreis.

«Die Zwetschgencreme meiner Frau ist einfach Spitze»

Sie brauchen für Ihren Sport viel Energie – wie achten Sie auf Ihre Ernährung?

Ich achte auf ausgewogene und gesunde Ernährung. Speziell vor Schwingfesten esse ich viele Kohlenhydrate: Kartoffeln, Spaghetti, Reis und so weiter.

Eine Zeitlang habe ich mit einem Arzt zusammen meine Ernährung überprüft und nach einem Plan abgestimmt. Heute mache ich das nicht mehr, aber achte auf eine konsequente Ernährung. Ich habe festgestellt, dass ich mit den Ernährungsplänen des Arztes recht gut gefahren bin. Die Konstanz in den Leistungen und die geringe Verletzungsanfälligkeit haben ihm Recht gegeben. Ich brauche viel Körperkraft und Muskelmasse, und die kommt nicht von ungefähr! Zudem trinke ich täglich viel Wasser!

Worauf legen Sie besonderen Wert in Ihrer Küche?

Auf frisches Gemüse. Ich mag eigentlich sämtliche Gemüsesorten, zubereitet in allen möglichen Variationen. Am liebsten mag ich Rosenkohl! So fällt mir gesunde Ernährung auch nicht schwer.

Leisten Sie sich zwischendurch einen kulinarischen Luxus?

Ein Luxus ist für mich ein exklusives Stück Fleisch wie beispielsweise Hohrückensteaks oder Filets. In der Nähe von Meiringen gibt es ein Restaurant, in welchem Fleisch am Stück auf der heissen Specksteinplatte serviert wird, zusammen mit Gemüse oder Salat – einfach herrlich! So etwas ist für mich der Inbegriff von Luxus. Zum Dessert dann noch eine frische Schokoladencreme – das ist der richtige Abschluss eines feinen Essens! Oder von meiner Frau die Zwetschencreme, die ist auch Spitze.

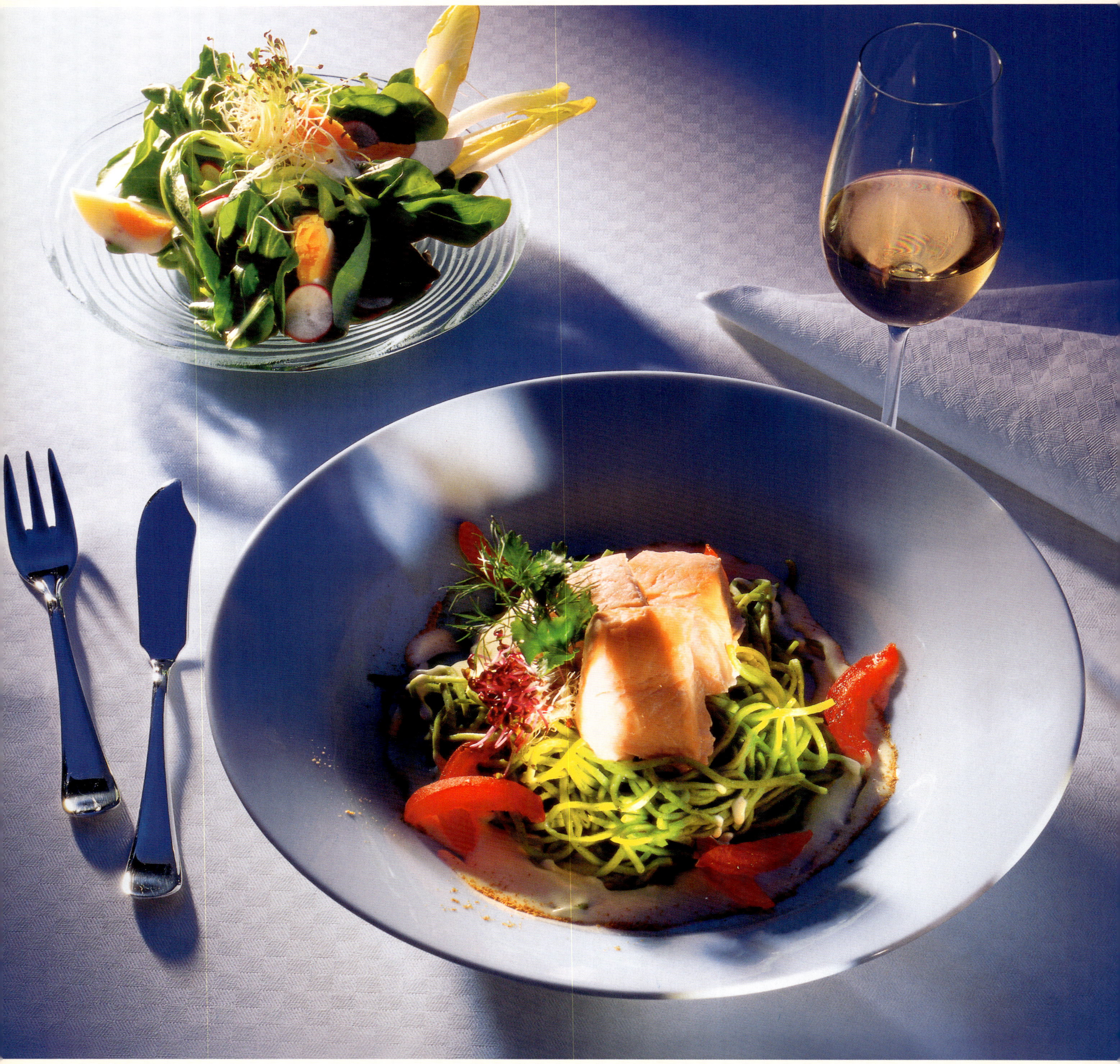

LACHSNUDELN

mit Nüsslersalat, Rezept für 4 Personen

Christian von Weissenfluh

ZUTATEN

Lachsnudeln

400 g frischer Lachs (in Scheiben oder am Stück)

300 g grüne Bandnudeln

150 g gekühlte Butter

100 g Schalotten

100 g Lauch

Dill und Petersilie

1/2 geschälte Zitrone in dünnen Scheiben

1/4 l Rahm

Olivenöl

Salz

2 cl trockener Wermut

1 TL Korianderkörner

Nüsslersalat

150 g Nüsslersalat

2 Eier

Französische Salatsauce

ZUBEREITUNG

Lachsnudeln

Koriander grob zerstossen, Lauch putzen und waschen und mit der Petersilie grob zerkleinern.

1/2 l Wasser mit den so vorbereiteten Zutaten, dem Dill, Salz und den Zitronenscheiben fünf Minuten kochen. Dann den Lachs hinzugeben und acht Minuten (bei zwei Scheiben – am Stück etwas länger) sieden lassen.

Zwei Liter gesalzenes Wasser mit etwas Olivenöl aufkochen lassen und die Nudeln darin al dente kochen.

Den Lachs aus dem Sud nehmen und warm halten. Den Sud durch ein Sieb geben. Die Schalotten pellen, sehr fein würfeln und in 30 g Butter andünsten, dann den gesiebten Sud und den Rahm dazugeben. Das Ganze sechs Minuten auf die Hälfte einkochen lassen. Den Lachs ohne Haut und Gräten in grobe Stücke zerpflücken. Die restliche Butter in kleinen Flöckchen unter die Sauce rühren und mit Wermut abschmecken.

Die Nudeln in ein Sieb geben und abtropfen lassen und dann mit etwas kaltgepresstem Olivenöl beträufeln.

Die Nudeln auf die Teller anrichten und den Lachs darauf verteilen. Die Sauce über die Nudeln geben und sofort servieren.

Dazu schmeckt eine Riesenportion Nüsslersalat mit Ei.

Weintipp von Klaus Schilling

BRAIDEALTE, LIVON, FRIULI, I
Rubin Weine, Spiez

Rotwein aus dem Keller des Schwingers zu Lachs passt sehr gut. Ein Weisswein aus dem Gebiet von Venedig empfiehlt sich aber genauso zum Eiweiss des Fisches. Friaul, eine wunderschöne Landschaft Italiens.

SUSANNA KNECHT

Die Politikerin lässt sich am liebsten von ihrem Mann mit Apfelchüechli verwöhnen.

Welches ist Ihr Lieblingsrezept?

Der Spiezertopf ist ein Gericht, das ich zwar nicht sehr häufig, dafür aber sehr gerne zubereite. Es geht zurück auf unsere zwei Kinder, die vor Jahren ein Pfadirezept mit nach Hause brachten, den Husarentopf. Wir probierten dieses Gericht einmal aus, das aus Reis, Speckwürfeln, geschnetzeltem Fleisch und etwas Rahm besteht und waren gleich alle begeistert. Diese Speise ist sehr nahrhaft, intensiv im Geschmack und richtig schön «chüstig».
Ein ähnliches Rezept kannte ich bereits aus meiner eigenen Kindheit. Im Laufe der Jahre habe ich das Rezept verfeinert. Die Zutaten ändern sich jeweils mit den momentanen Ansprüchen. Einmal koche ich es mit Pouletfleisch, ein anderes Mal mit Kalbfleisch, mit Safran, Peperoni oder was gerade da ist. Ich bereite diese Speise gerne mit einem schönen Salat für unsere Gäste zu. Es ist einfach, und ich muss auch nicht stundenlang in der Küche stehen. Dazu serviere ich gerne ein Glas Wein, am liebsten einen Weisswein oder auch einen Rotwein aus dem Wallis.

Hat sich dieses Rezept zu einem traditionellen Familienrezept gemausert?

Eigentlich ja. Wir haben verschiedene traditionelle Rezepte in unserer Familie. Den Spiezer Topf bereite ich meist zu, wenn die ganze Familie beisammen ist. Dieses Rezept wird ganz sicher in die Familienannalen eingehen!
Andere Familien haben sicherlich eine tiefer greifende Kochgeschichte die weitergereicht wird, bei uns wird es wahrscheinlich dieses Rezept sein. Ein weiteres Rezept, das uns begleitet und bereits von meiner Mutter über mich an meine Kinder weitergegeben wurde, ist die Rumcreme.

Wie sieht Ihr kulinarischer Werdegang aus oder wie sind Sie in das Reich des Kochens und Geniessens eingeführt worden?

Ich habe mich bereits sehr früh fürs Kochen interessiert. Das hat angefangen, als ich bereits in der Schulzeit «Nidletäfeli» zubereitet habe. Ich liebe Rahm in allen Formen und diese Leidenschaft hat mich bis heute begleitet. Meine Mutter hat immer sehr gut gekocht und hat für viele Rezepte Wein oder eben auch Rahm zum Verfeinern benutzt. An Weihnachten gab es beispielsweise Truthahn an Pilzrahmsauce.

PERSÖNLICH

Susanna Knecht ist in Worb geboren und aufgewachsen.
Die Spiezer SVP-Politikerin und Grossrätin mit Jahrgang 1943 ist gelernte Krankenschwester. Sie ist verheiratet und hat zwei Kinder. Ihre Hobbys sind das Wandern, Skifahren und Bergsteigen.

Haben Sie diese Essenskultur an Ihre Kinder weitergegeben?

Ich habe noch ein paar lustige Fotos von unseren Kindern, wie sie am Weihnachtsguetzlibacken sind. Kinder veranstalten dabei meist ein Chaos, aber sie lieben es. Ich habe unsere Kinder immer machen lassen, sie hatten stets Freude daran und das ist noch heute so. Unser Sohn ist ein «Fleischtiger» und bereitet sehr gerne Fleisch in allen Variationen zu. Unsere Tochter hingegen bäckt hervorragende und gluschtige Guetzli – sie erledigt für mich auch das Backen der Weihnachtsguetzli. Ich bin froh, dass ich unsere Kinder von klein an stets bei mir hatte. Sie spielten immer in der Küche und sind damit aufgewachsen.

Haben Ihre Kochaktivitäten einen Bruch erlitten, als Sie in die Politik eingestiegen sind?

Oh ja. Ich muss gestehen, dass ich heute nicht mehr viel backe oder auch viel weniger Zeit dafür habe, Gäste zu uns nach Hause einzuladen. Ich lege Wert darauf, meine Zeit gut einzuteilen, und es kommt oft vor, dass ich anstatt zu kochen etwas anderes mache. Ein gutes Buch lesen zum Beispiel, oder Wandern gehen. Wenn ich zu Hause bin, koche ich für meinen Mann. Er liebt Fleisch und isst es täglich – möglicherweise ist er deswegen so gross gewachsen! Ich bin gelernte Krankenschwester und achte vielleicht gerade aus diesem Grund sehr darauf, was bei uns zu Hause auf den Tisch kommt (ausser wenn den Sinnen zuliebe Rahm in die Speise gegeben wird!).

Herrscht in Ihrer Familie eine klare Rollenteilung, wer kocht?

Wenn mein Mann und ich zusammen zu Hause sind, ist die Rollenteilung klar – dann koche ich! Mein Mann kocht ab und zu, wenn ich in Bern bin, oder er geht ins Restaurant. Einmal im Jahr macht er mir jeweils eine grosse Freude und bereitet nur für mich Apfelchüechli zu. Trotz meiner Einstellung gegenüber diesen Fetten (ich mag die Zubereitungsart nicht) ist dies ein Luxus, den er mir damit erfüllt.

«Wir haben verschiedene traditionelle Rezepte in unserer Familie»

Worauf legen Sie besonderen Wert in Ihrer Küche?

Ich achte sehr darauf, möglichst frisches Gemüse zu verwenden. Gemüse oder auch andere Zutaten in Büchsen verwende ich kaum. Zudem passe ich auf, keine oder möglichst wenig versteckte Fette zu verwenden. Ich habe das Privileg, von einem Bauern aus der Nachbarschaft mit frischem Fleisch und manchmal auch mit etwas Gemüse direkt beliefert zu werden. Ansonsten kaufe ich mein Gemüse in der Landwirtschaftlichen Genossenschaft hier in Spiez. Dieses Gemüse ist sehr frisch und schmackhaft.

Ist es für Sie mittlerweile auch zu einem Luxus geworden, Zeit zu haben, um Ihre Freunde oder die Familie einzuladen?

Leider ja – aus Zeitgründen geschieht es ab und zu, dass wir Freunde statt zu uns in ein Restaurant einladen. Dann kann ich auch dabei sein, statt zu kochen, und es macht auch so Spass und Freude! Beiläufig hole ich mir dann auch gleich ein paar gute Ideen für ein neues Rezept.

Was ist für Sie ein kulinarischer Luxus oder womit kann man Ihnen eine Freude bereiten?

Allgemein mit Süssspeisen oder Schokolade! Ich erinnere mich daran, wie mein Mann und ich in Miami krank waren und uns die Hoteldirektion Lindorkugeln mit netten Genesungswünschen schicken liess. Das war richtiggehend ein Lichtblick und uns ging es gleich viel besser! Noch heute kann es passieren, dass ich, wenn ich Lindorkugeln in einem Schaufenster sehe, gleich in das Geschäft hinein muss und mir ein paar Kugeln kaufe! Mein Mann und ich leisten uns jährlich einen Luxus und zwar reisen wir kurz vor Weihnachten mit dem Zug nach Mailand. Dort kaufen wir uns jeweils einen backofenfrischen Panetone, der nach Vanille riecht und uns dazu verleitet, gleich an Ort und Stelle ein Stück davon zu naschen! Danach kaufen wir in einer Käsehandlung frischen Trüffelkäse und dazu ein knuspriges Brot. Ein Festessen! Manch-

«Ich achte darauf, möglichst frisches Gemüse zu verwenden»

mal habe ich Mitleid mit den Schweinen, die diese Pilze suchen müssen und sie dann nicht essen dürfen. Aber mittlerweile werden ja auch Hunde dazu erzogen. Die finden die Pilze nicht sehr verlockend! Sogenannte Luxusgüter wie Kaviar, Froschschenkel oder gar Entenleber finde ich absolut daneben, und ich kann mich nicht im Entferntesten dafür begeistern. Schon gar nicht in Anbetracht dessen, dass zum Gewinnen dieser Speisen, Tiere gequält werden.

Existiert für Sie eine speziell verlockende Küche?

Oh ja – die italienische Küche ist für meinen Gaumen ein Genuss. Die Italiener beherrschen die Kunst, einfache Gerichte, Spaghetti, Tagliatelle oder Cannelloni, mit speziellen und äusserst schmackhaften Saucen zu bereichern. Leider wirkt diese Küche teilweise auch der schlanken Linie entgegen...! Ich finde immer wieder Genüsse aus den verschiedensten Kulturen, die ich dann zu Hause koche oder backe. Brownies aus den USA oder Mousse au chocolat aus Frankreich zum Beispiel, sind Rezepte die ich sehr gerne mag.

Ob Faltschen: Blick auf Niesen, Hondrich, Aeschi und den Thunersee

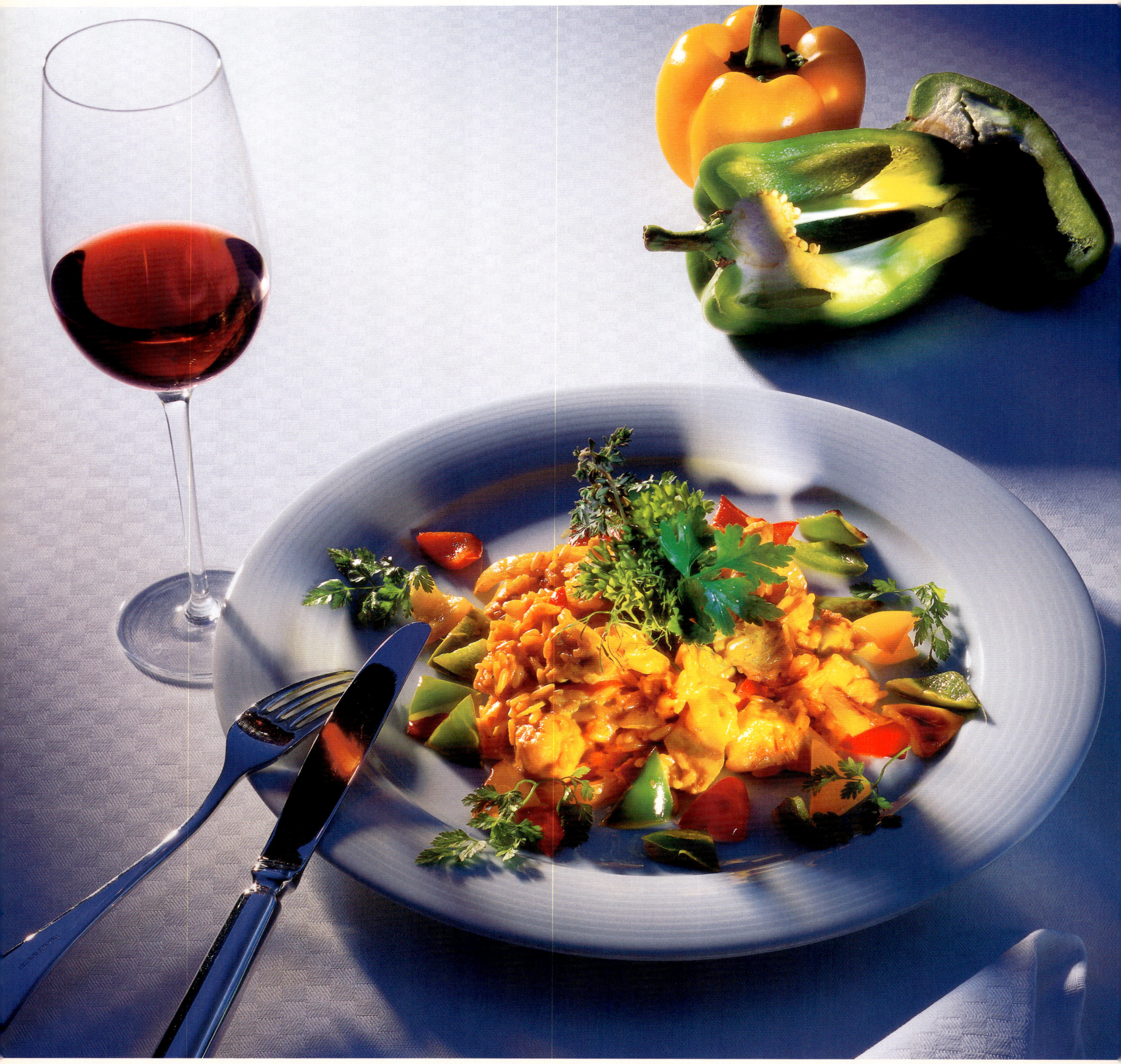

SPIEZER TOPF

Rezept für 4 Personen

Susanna Knecht

ZUTATEN

Spiezer Topf

2 EL Öl

1 Zwiebel

1 Knoblauchzehe

1 kleine rote Peperoni

1 kleine grüne Peperoni

1 kleine gelbe Peperoni

Paprika

Pfeffer, Salz

Streuwürze

120 g Speckwürfeli

250 g Reis

5 dl Fleischbrühe

1 dl Weisswein

2 Päckli Safran

2½ dl Rahm

600 g Poulet- oder Kalbfleischstücke

ZUBEREITUNG

Spiezer Topf

Öl in einer Bratpfanne erhitzen, Zwiebel schälen und fein hacken. Knoblauchzehe und Peperoni würfeln und bei schwacher Hitze mitdämpfen. Mit Paprika, Pfeffer, Salz und Streuwürze gut würzen. Zum Garnieren einen kleinen Teil der Peperoni beiseite stellen. Speckwürfeli dazugeben und anbraten.

Reis in einer anderen Pfanne glasig anbraten, mit Fleischbrühe und Weisswein ablöschen und zugedeckt bei schwacher Hitze ca. 15 Minuten schmoren lassen, Safran, später Rahm dazugeben und fünf Minuten weiterköcheln lassen. Inzwischen die Poulet- oder Kalbfleischstücke in einer Bratpfanne knusprig braten und würzen. Alles gut mischen und warm servieren. Nach Belieben mit frischen Kräutern garnieren.

Weintipp von Klaus Schilling

HUMAGNE ROUGE
Cave du paradis, Sierre VS

Vom Lagerfeuer in die Küche gewechselt, wird der rassig gewürzte Eintopf mit einer feurigen Walliser Weinsorte abgerundet. Kein leichter Wein, aber ideal zu den benutzten Gewürzen.

CHRISTINA NIGG

Die sportlichen Ambitionen lehrten die Weltmeisterin, bewusster zu kochen und auf eine abwechslungsreiche Ernährung zu achten.

Christina Nigg, welches ist Ihr Lieblingsrezept?

Wichtig ist, dass viel Gemüse dabei ist und das Gericht leicht und bekömmlich ist.
Zu meinen Favoriten gehört Pouletgeschnetzeltes mit frischem Knoblauch und Thymian an einer leichten Weissweinsauce und dazu Wildreis.
Dazu passt ein richtig schöner Mischsalat mit grünem Salat, Karotten, Gurken, Bärlauch (wenn's hat!) oder Maggikraut an einer leichten Salatsauce.

Existiert für Sie ein Rezept, dass Sie direkt mit Ihrer Kindheit assoziieren?

Klar, es gab für mich und meine Geschwister immer Gerichte, für die wir unsere Mutter bestürmten, zum Beispiel «Brösmeli-Spaghetti» mit Paniermehl.

Wie sieht Ihr kulinarischer Werdegang aus? Welchen Bezug haben Sie zum Kochen und Essen?

Meine sportlichen Ambitionen haben mich gelehrt, bewusster zu kochen. Früher habe ich mich eher noch gehen lassen und habe mir regelmässig so richtig schöne Portionen Teigwaren mit viel, viel Käse darauf gegönnt. Oder auch ab und zu mal bei McDonald's Fast Food gegessen. Als dann meine Kinder zur Welt kamen, entdeckte ich das Bewusstsein für das Kochen an sich. Damals gab es mir auch nicht viel zu tun, drei oder vier Stunden in der Küche zu stehen und mir Zeit für die Vorbereitung von aufwändigeren Speisen zu nehmen. Mittlerweile ist für mich Kochen eine Freizeitbeschäftigung. Ich nehme mir gerne Zeit – z.B. an einem verregneten Sonntagnachmittag – meine Familie und Freunde zu verwöhnen.

Wie wichtig ist für Sie das Essen?

Es ist ein Unterschied, ob ich für Gäste oder einfach im Alltag koche. Ich achte stets darauf, dass ich für meine Kinder und mich abwechslungsreich koche. Zudem musste ich beim Boxen sehr auf mein Gewicht achten. Die Gewichtsklassen sind vorgegeben und daher musste ich besonders in der Endphase vor einem Kampf meine Ernährung entsprechend anpassen, um zu- oder abzunehmen. Die Waage stellte für mich kein Feindbild dar, sie ist für mich eine Hilfe und Unterstützung. Ich lebe sehr bewusst, bin aufmerksam gegenüber dem eigenen Körper, lasse ihm eine gesunde und ausgewogene Ernährung und genügend Bewegung zukommen.

Gönnen Sie sich trotzdem ab und zu eine kleine Leckerei oder sündigen Sie sogar?

Aber klar! Lust auf irgendeine kleine Sünde hat doch jeder, auch Sportlerinnen und Sportler. Ich

PERSÖNLICH

Christina Nigg, die Thuner Box-Weltmeisterin, ist gelernte Physiotherapeutin und berufstätig. Die 38-jährige Mutter von Fabienne (16 Jahre) und Mischa (12 Jahre) pflegt nach ihrem Rücktritt vom Wettkampfsport vermehrt wieder ihr Steckenpferd, das Skifahren.

«Ich gönne mir täglich meine Ration Schokolade»

kann mir täglich meine Ration Schokolade gönnen, ohne schlechtes Gewissen. Oder im Freundeskreis ein so richtig schönes Raclette, ein Glas Wein oder ein leckeres Dessert – es gibt doch nichts Schöneres!

Sie reisen viel – wie achten Sie dann auf Ihre Ernährung?

Ich bin äusserst neugierig, die Küche aller von mir besuchten Länder kennenzulernen. An den Wettkampforten habe ich jeweils die lokale Küche ausgekundschaftet! Touristen, die in Thailand Bratwurst und Rösti verlangen, sind mir ein Greuel. Einmal passierte es mir, dass ich in den neuen deutschen Bundesländern in einem Hotel untergebracht wurde, in welchem es keinerlei Kohlenhydrate zu essen gab – und das unmittelbar vor einem wichtigen Kampf! Salat und Fleisch waren die einzigen annehmbaren Gerichte. Das geschah mir glücklicherweise nur dieses eine Mal.

Wie gehen Sie mit der Konkurrenz im Boxsport um?

Ich bin natürlich mit meinen 38 Jahren die älteste Sportlerin. Meine jüngeren Kolleginnen müssen dementsprechend weniger trainieren, um dieselben Ergebnisse zu erreichen. Ich muss vor einem Kampf viel mehr auf meinen Körper achten, ihm die Menge an Nahrung zuführen, die er braucht. Wenn ich in der Vorbereitung stecke, absolviere ich bis zu vier Trainingseinheiten täglich. Trotz dieser intensiven Vorbereitung nehme ich mir immer die Zeit, jeden Mittag für meine Kinder zu kochen. Meine Trainingszeiten überlappen oftmals mit den Essenszeiten, deshalb esse ich meist erst nachmittags, nach dem Training. Ein Kampf über zehn Runden ist äusserst kräftezehrend und beansprucht die mentale Stärke enorm. Aber der Moment, in dem mir der Weltmeisterschaftsgürtel überreicht wurde, war unheimlich intensiv und bleibt unvergessen. So richtig erfassen konnte ich den Sieg erst nach ein paar Stunden, als ich wieder zu Hause war und Ruhe hatte, darüber nachzudenken.

Feiern Sie nach einem Kampf?

Meist finden nach den Meetings irgendwelche Bankette statt. Bis ich aber geduscht und umgezogen bin, links und rechts Auskunft gegeben und allfällige Interviews hinter mich gebracht habe, ist das Buffet bereits grösstenteils abgeräumt, und ich kriege knapp noch ein paar Reste! Der Adrenalinspiegel ist jedoch kurz nach einem Kampf so hoch, dass ich sowieso keinen Hunger verspüre, und so ist es mir eigentlich egal, ob da noch was auf dem Buffet ist oder nicht.

Worauf legen Sie besonderen Wert in Ihrer Küche?

Auf frische Zutaten, Gemüse, Kräuter, qualitativ gute Teigwaren und Reis. Hauptsächlich aber auch darauf, genügend Zeit ins Kochen zu investieren.

Leisten Sie sich zwischendurch einen kulinarischen Luxus?

Oh ja – das hat sich letztmals darin geäussert, dass meine Freundin und ich uns zusammen eingeschlossen und üppig bekocht haben. Champagner, Lachsbrötchen und danach das volle Programm – es war einfach herrlich!

92

POULETGESCHNETZELTES MIT WILDREIS

Rezept für 4 Personen

Christina Nigg

ZUTATEN

Pouletgeschnetzeltes

600 g Pouletgeschnetzeltes

3–4 Knoblauchzehen (je nach Geschmack)

Salz, Pfeffer, Paprika, frischer Thymian

1 dl Weisswein

1 dl Bouillon oder Geflügelfond

Mehl zum Binden

250 g Wildreis

Salat

1 Kopfsalat

1 Rüebli fein gescheibelt

½ Gurke

Champignons fein gescheibelt

Italienische Sauce

Dessert

Quarkcreme mit Früchten, je nach Saison

250 g Quark

150 g Rahmquark

1 Becher Jogurt

2 Zitronen

5 EL Zucker

Vanillezucker

2 Bananen gemixt

ZUBEREITUNG

Pouletgeschnetzeltes mit Wildreis

Pouletgeschnetzeltes mit Salz, Pfeffer und Paprika würzen und gut anbraten, fein geschnittener Knoblauch dazugeben. Mit Weisswein ablöschen und etwas einkochen lassen. Bouillon hinzugeben und mit wenig Mehl bestäuben. Nach Bedarf nachwürzen. Zum Schluss die frischen Thymianblätter darüber streuen und mit Wildreis servieren.

Dessert

Quark, Rahmquark und Jogurt mischen. Den Saft von zwei Zitronen, Zucker und Vanillezucker dazu geben. Zwei Bananen im Mixer pürieren und mit der Quarkcreme mixen. Nach Belieben Saisonbeeren und -früchte darunter mischen.

Weintipp von Klaus Schilling

BLAUBURGUNDER ROSÉ MAIENFELD
Kunz, Weinbau/Brennerei, Maienfeld

Die bekannte Sportlerin und die innovative Winzerin Margrit Kunz. Zum Geflügelfleisch passt die zarte Farbe und die dezente Frucht dieses Bündner Roséweins.

BRUNO BLUM

Auf seinen Reisen kocht der Fotograf oft selber, meist einfache Gerichte. Immer achtet er aber darauf, dass sie ausgewogen und gesund sind.

Haben Sie ein Lieblingsgericht?

Eigentlich habe ich mehrere Gerichte, die ich favorisiere, und für mich ist es schwierig, ein einzelnes heraus zu picken. Es ist wie bei der Musik – meist kommt es auf die momentane Gemütsverfassung an, welche Musik – oder eben welches Gericht – ich gerade auswähle. Zudem hängt es auch davon ab, wo ich mich gerade befinde.

Gibt es ein Gericht, an welches Sie «Ihr Herz verloren» haben?

Doch ja – Kartoffelstock! Wenn es Kartoffelstock in der Pfanne hat, kommt es schon vor, dass ich über meinen gewohnten Hunger weiter esse...

Woher stammt diese Vorliebe?

Schon als Kind habe ich Kartoffelstock heiss geliebt. An Geburtstagen durften wir uns immer unser Lieblingsgericht wünschen – für mich war es Kartoffelstock, den mir meine Mutter zubereiten musste. Heute verwöhnt mich meine Frau damit. Vielleicht könnte man ja behaupten, dass ich ein kulinarischer Banause bin, weil ich von so einem einfachen Gericht leuchtende Augen bekomme!

Welchen Bezug haben Sie zur südländischen Küche?

Ich bin auf Grund meiner beruflichen Tätigkeit schon oft in den Süden gereist, vor allem nach Italien. Während diesen Reisen ist mir die südliche Küche sehr ans Herz gewachsen. Die vielen Sorten Teigwaren, die leichten Salate und natürlich auch der köstliche Wein!
Griechenland ist immer noch eine Wunschdestination von mir, ich möchte dieses Land vor allem auch mit meiner Kamera entdecken. Ich konnte erst einmal zwei, drei Tage dort verbringen. Dann wird sich auch Gelegenheit bieten, vor Ort einen griechischen Salat zu essen! Für mich ist alles, was möglichst naturbelassen ist, besonders gut. Knackige Salate oder schmackhaftes Gemüse finde ich vorzüglich.

Ihr Rezept beinhaltet frische Pilze, möglichst selbst gesuchte?

Natürlich möglichst selbst gesuchte – vorausgesetzt man findet welche! Meine Mutter war eine leidenschaftliche Pilzsammlerin. Als Kind hat sie mich auch immer mitgenommen. Damals mochte ich Pilze überhaupt nicht, aber das Suchen machte mir schon damals Freude. Heute gehe ich selber sehr gerne Pilze sammeln, jedenfalls wenn ich die Zeit dazu

PERSÖNLICH

Bruno Blum, der preisgekrönte Naturfotograf, ist als Autodidakt zu seinem Beruf gekommen. Seine Liebe zur Natur, sein Auge für bezaubernde Details und beängstigende Elemente haben ihn weltbekannt gemacht.
Seine Makro-Sujets auf Karten und Kalendern sind sehr beliebt, seine Multivisionen viel besucht.
Der leidenschaftliche Snowboardfahrer ist mit seiner Kamera oft auf Reisen. Wenn die Zeit es erlaubt, ist der Simmentaler aber auch ein begeisterter Konzert- und Kinobesucher.

finde. Auf meinen Fotoreisen in Amerika und Kanada habe ich schon mehrmals – draussen in der freien Natur – im Holz- oder Gaskocher Pilze zubereitet. Zur Freude am Sammeln von Pilzen – oder auch von Beeren oder anderen Früchten – kommt natürlich auch das Erlebnis in der Natur dazu.

Sie sind ein Mensch, der sich sehr viel in der freien Natur aufhält. Haben Ihre Eltern diese Entwicklung beeinflusst?

Ja bestimmt. Meine Eltern haben mich, zusammen mit meinem Bruder und mit meinen beiden Schwestern, viel auf Wanderungen mitgenommen und uns auf die Schönheiten in der Natur aufmerksam gemacht.

Wie hat Ihr Werdegang ausgesehen, wie sind Sie dazu gekommen, als Fotograf Ihr Leben zu bestreiten?

Ich habe in Bern eine Lehre als Buch-Offsetdrucker absolviert. Schon als Zwanzigjähriger packte ich meinen Rucksack, um mich für zwei Jahre zu verabschieden. Meine Reise führte mich damals, mit meinem gesamten Vermögen von dreihundert Franken in der Tasche, nach Australien und Asien. Nach meiner Rückreise wusste ich, dass ich Fotograf werden wollte. Autodidaktisch und mit Weiter-

«Ich lege besonderen Wert darauf, dass das Gericht schön dekoriert und angerichtet ist»

bildungskursen an der Kunstgewerbeschule in Bern begab ich mich auf den neuen Berufsweg.

Hat sich diese Reiselust auch auf Ihre kulinarische Entwicklung ausgewirkt?

Wenn ich im Ausland bin, geniesse ich die jeweils lokale Küche sehr. Wenn ich aber hier in der Schweiz bin, bin ich an den ausländischen Küchen eigentlich nicht sehr interessiert. Das Essen hier ist so abwechslungsreich und passt sich den jeweiligen Jahreszeiten sehr gut an. Die asiatische Küche schmeckt eben in Kuala Lumpur ganz anders, und auch besser, als hier in der Schweiz. Wenn ich zu Hause bin, ziehe ich eine Rösti oder eben einen Kartoffelstock einem exotischen Gericht allemal vor. Das heisst aber nicht, dass ich im Ausland nicht flexibel bin. Ich versuche praktisch alle Gerichte und bin in dieser Hinsicht recht experimentierfreudig. Nicht ganz alles zwar – ich bin Vegetarier und probiere deshalb die Fleischgerichte nicht aus.

Sind Sie aus Überzeugung Vegetarier oder hat dies einen anderen Grund?

Ich bin aus Überzeugung Vegetarier – aber für mich bedeutet es kein Verzicht, kein Fleisch zu essen. Schlussendlich habe ich festgestellt, dass ich kein Fleisch zum Leben brauche, und ich vermisse es auch nicht.
Ich bin ein richtiger 68er, eine Generation die viele Dinge kritisch hinterfragte. Daraus entstand für mich persönlich auch die Entscheidung, Vegetarier zu werden. Heute ist dies für mich eine Selbstverständlichkeit. Es ist auch kein kulinarischer Rückschritt. Früher war es relativ schwierig, sich im Restaurant vegetarisch zu ernähren – der Gemüseteller oder ein Salatteller waren ungefähr das höchste der Gefühle! Heute führt jedes Restaurant oder Hotel zwei, drei vegetarische Menüs.

Kochen Sie selber auch?

Ja, ich koche gerne. Unterwegs auf meinen Reisen sind es meistens einfache Eintopfgerichte, welche ich auf meinem Gaskocher zubereite. Ab und zu koche ich zu Hause für meine Familie. Dabei habe ich aber auch einen ästethischen Anspruch an meine Gerichte. Das Auge isst mit – als Fotograf lege ich vielleicht noch besonderen Wert auf das Gesamtbild und achte darauf, dass das Gericht schön dekoriert und angerichtet ist.

Ist dies auch ein Anspruch, den Sie an ein stilvolles Abendessen stellen?

Natürlich. Mittlerweile kennen meine Frau und ich ein paar Restaurants, welche auch diesen Anspruch erfüllen. Nette Bedienung und ein visuell ansprechendes Gericht, das auch noch gut schmeckt, macht uns Freude.

Sie sind sehr viel auf Achse – und wie wir gehört haben, verpflegen Sie sich meist selber. Worauf achten Sie beim Einkauf?

Während meinen Reisen kaufe ich meist auf lokalen Märkten mein Essen ein. Dabei habe ich sehr viel Spass auch mit den einheimischen Marktfrauen. In Amerika kaufe ich in diesen riesigen Einkaufszentren ein, wo man beinahe Rollschuhe bräuchte, um nur die Hälfte davon zu sehen! Generell kann ich sagen, dass man eigentlich überall hochwertige Nahrungsmittel findet. Wenn man selbst kocht, kann man in allen Ländern gut essen und von allen lokalen Angeboten profitieren – auch viel dazu lernen.

Sie sprechen von hochwertigen Nahrungsmitteln. Welchen Wert legen Sie auf Qualität?

Gerade wenn man sich vegetarisch ernährt ist es sehr wichtig, Nahrungsmittel in guter oder sogar hoher Qualität einzukaufen.

Wie sieht Ihr Alltag im Moment aus?

Gegenwärtig fotografiere ich für ein Buch, welches im nächsten Jahr herauskommen wird. Mein Fotoatelier habe ich dabei nach Bern verlegt. Meine Frau unterrichtet als Lehrerin an der Realschule in Zweisimmen. Unserer älterer Sohn Sven studiert in St. Gallen, während unser Sohn Jahn in Bern eine Vorbereitungsschule für Informatik besucht. So findet gegenwärtig unser Familienleben vor allem am Wochenende in Zweisimmen statt.

Finden Sie die Zeit, mit Familie und Freunden kulinarischen Freuden zu fröhnen?

Doch, ja. Ich finde es sogar sehr wichtig, dass wir uns ab und zu einen schönen Abend gönnen. Es sollte aber nicht zur Routine werden. Ich finde es auch wichtig, dass diese Abende einfach aber intensiv sind. Bei uns zu Hause ist die Tür immer offen und unsere Freunde und die Familie sind immer herzlich willkommen. Für uns ist die Spontaneität wichtig und das Drumherum muss daher auch nicht perfekt sein. Eine schmackhafte Suppe reicht – die wichtigen Zutaten sind Freundschaft, Gemütlichkeit und Geselligkeit! Etwas anderes ist es natürlich, wenn wir gezielt und geplant Freunde oder Familienangehörige zu einem festlichen Essen einladen.

Hat Ihre Familie auch Rituale und Traditionen rund ums Essen entwickelt?

Natürlich haben wir auch unsere Gewohnheiten, wie das Wünschen des Lieblingsessens am Geburtstag. Zu diesen Gelegenheiten achte ich darauf, dass ich möglichst dabei sein kann. An solchen Feiertagen, wie auch an Weihnachten und Ostern, versuche ich, möglichst keine Termine zu haben. An Weihnachten kocht meine Frau meist dasselbe: Pasteten mit Füllung und dazu selbstgemachten Zopf und ein reichhaltiges Salatbuffet. Diese Traditionen beschränken sich aber schon auf die Feiertage.

Werden in Ihrer Familie Rezepte weitergegeben?

Ich glaube schon, ja. Mein älterer Sohn lebt in St. Gallen mit seiner Freundin, und ich denke, dass meine Frau ihm schon das eine oder andere Rezept mitgegeben hat.

Was bezeichnen Sie als kulinarischen Luxus im positiven wie auch negativen Sinn?

Gerichte, von denen man weiss, dass die Natur darunter leidet, empfinde ich persönlich als Luxus. Haifischflossen oder Schildkröten fallen mir dazu spontan ein. Oder andere Gerichte, welche aus Le-

bensmitteln, Bananen und Ananas zum Beispiel – welches früher einmal Luxusgüter waren – sind nun für alle Menschen hier bei uns erschwinglich.

Gibt es ein Gericht, das Sie mit ganz speziellen Erlebnissen oder Erinnerungen assoziieren?

Das gibt es, ganz klar. Ich kann auch hier wieder den Vergleich machen mit der Musik. Es gibt doch Stücke, die einem an einen ganz speziellen Moment im Leben oder an einen bestimmten Ort erinnern. So gibt es wirklich Momente, in denen ich mich selbst als kleinen Jungen in Mutters Küche oder bei meiner Grossmutter sehe!

Wie steht es mit dem Folgeprodukt am nächsten Tag – mit den Kartoffeltätschli, die aus den Resten gebacken werden?

Die fallen weg – wenn ich da bin, gibt es keine Resten!

«Kartoffelstock kann ich nicht widerstehen»

bewesen gemacht werden, die vom Aussterben bedroht sind. Glücklicherweise findet ein Umdenken statt und so hat man in der Schweiz eingesehen, dass die Weinbergschnecken ebenfalls gefährdet sind und hat dementsprechende Massnahmen ergriffen und die Schnecken unter Schutz gestellt. Leider werden aber immer noch solche Nahrungsmittel importiert.
Als positiven, kulinarischen Luxus ist heute bestimmt das grosse Warenangebot anzusehen. Wir können wählen aus einer grossen Menge von Le-

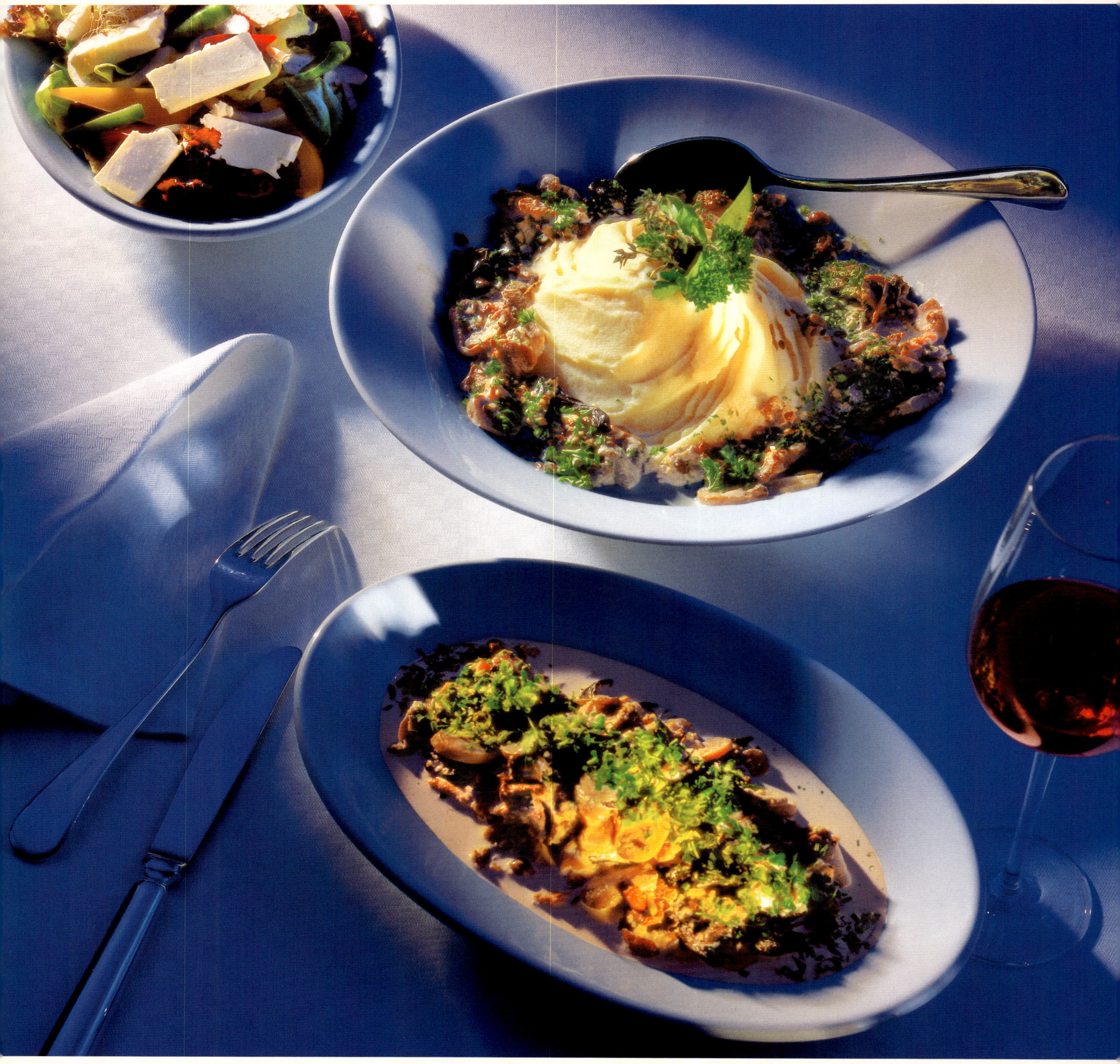

KARTOFFELSTOCK MIT PILZEN

Rezept für 4 bis 6 Personen

Bruno Blum

ZUTATEN

Griechischer Salat

Blattsalat

2 Tomaten

1 rote Peperoni

1 gelbe Peperoni

1 Zwiebel

200 g Feta-Käse

Oliven

Oregano, Salz und Pfeffer

Weinessig und Olivenöl

Kartoffelstock mit Pilzen an Rahmsauce

1 kg mehlige Kartoffeln

Butter, Muskatnuss, Salz, Milch

Frische Pilze

Sauerrahm

Frische Kräuter

Salz und Pfeffer

Saisongemüse

Zwetschgen mit Glace

500 g frische Zwetschgen

1 Zimtstengel

1 dl Rotwein

Zucker nach Belieben

Schlagrahm

Zimtglace

ZUBEREITUNG

Griechischer Salat

Salz, Pfeffer, Oregano, Weinessig und Olivenöl zu einer Salatsauce verrühren. Tomaten, Peperoni, Zwiebel und Blattsalat in mundgerechte Stücke schneiden. Mit der Salatsauce mischen, auf Teller anrichten und mit Oliven und Fetakäse garnieren.

Kartoffelstock mit Pilzen an Rahmsauce

Kartoffeln weich kochen, pürieren. Milch erhitzen, Butter darin schmelzen, mit Salz und Muskatnuss würzen, über die pürierten Kartoffeln geben und mit dem Schneebesen schlagen, bis der Kartoffelstock luftig ist.

Die selbst gesuchten, gemischten Pilze putzen, wenn nötig zerkleinern. In heisser Butter anbraten bis alle Flüssigkeit verdampft ist, mit Salz und Pfeffer würzen und mit Sauerrahm und frischen Kräutern abschmecken.

Dazu im eigenen Saft gedämpftes Saisongemüse wie beispielsweise Karotten und Zucchetti servieren.

Zwetschgen mit Glace

Frische Zwetschgen halbieren und entsteinen, mit Rotwein und einem Zimtstengel knapp weich kochen. Nach Belieben Zucker beigeben. Zimtglace auf die Teller geben, mit dem Zwetschgenkompott, Rahm und einem schönen Blatt aus der Natur dekorieren.

Weintipp
von Klaus Schilling

MERLOT DEL TICINO, VIGNA VECCHIA Tamborini Carlo Eredi S.A., Lamone TI

Wenn schon vegetarisch, dann mit Musik. Dieser Merlot verbindet die Kartoffeln und die Pilze. Die alkoholische Wirkung fördert die offenen Türen für alle Gäste.

MARGUERITE DÜTSCHLER

Die italienische Küche hat es der Schallplattenproduzentin angetan.
Bereits vor Jahren suchte sie in London nach italienischen Lokalen.

Frau Dütschler, was bedeutet Ihnen das Essen?
Essen ist für mich eine Kultur. Ich esse wahnsinnig gerne gut. Ich gehe gerne in ein gutes Restaurant. Dabei schätze ich eine gediegene Ambiance und ein gutes Glas Wein.

Das heisst, Sie sind eine Feinschmeckerin?
Ja. Ich schätze es, wenn ein Gericht gut gekocht ist und kann es auch beurteilen. Ein gutes Essen hat für mich den gleichen Stellenwert wie ein Konzert oder sonst ein Anlass.
Übrigens, es gibt sehr viele Musiker, die sehr gerne essen und auch viele, die grosse Weinkenner sind – letzteres kann ich von mir, im Gegensatz zu meinem Mann, nicht behaupten.

Und in der Küche, wie sieht es da aus?
Ich bin keine grosse Köchin, habe aber einige Menüs, auf die ich stolz bin. Meistens muss es aber schnell gehen – meine Mutter war genau gleich: sie kochte schnell und ohne grossen Aufwand, aber gut. Stundenlanges In-der-Küche-Stehen kannte sie so wenig, wie ich es kenne.

Sie kochen aber täglich, trotz Ihres grossen Engagement?
Ja, auch heute noch, trotzdem die Kinder schon lange eigene Hauhalte führen.

Essen Sie lieber auswärts oder zu Hause?
Ich esse gerne auswärts, wenn ich mir Zeit nehmen kann und der Rahmen stimmt. Sonst ziehe ich meine Küche vor.

Haben Sie Vorlieben?
Ja, ich liebe guten Fisch – aber ein bis zweimal im Jahr geniesse ich auch ein wunderbares Châteaubriand. Normalerweise gibt es bei mir viel frischen Salat dazu. Beim Dessert gehört die Vorliebe dem Sorbet.

Gibt es ein Gericht, dem Sie nicht widerstehen können?
Das ist schwierig zu sagen... (denkt lange nach)...im Ferienhaus im Berner Oberland essen wir öfters Raclette. Das mag ich so gerne, dass ich davon immer zu viel esse.

Wie sehen Ihre Essgewohnheiten aus?
Zum Glück kann mein Mann am Mittag nach Hause kommen – somit nehmen wir die Hauptmahlzeit am Mittag ein.

PERSÖNLICH

Die Thunerin Marguerite Dütschler hat in den letzten Jahrzehnten viel zur Förderung junger Künstler und der klassischen Musik allgemein beigetragen. Als Inhaberin und aktive Leiterin des Claves-Verlages wählt Marguerite Dütschler Werke und Künstler aus und überwacht die Aufnahmen. Neben dem grossen Hobby «Musik», das zum Beruf wurde, fotografiert sie gerne ihre Künstler und vergrössert die Sujets selber. So wurde die Musikförderin zur Buchautorin.

«Raclette mag ich so gerne, dass ich davon immer zu viel esse»

Wie verfeinern Sie Ihre Gerichte?

Ich koche nur mit Olivenöl und verwende sehr viel Rahm.

Essen Sie viel Fleisch?

Eigentlich immer weniger. In letzter Zeit habe ich vermehrt Fleisch durch Soja ersetzt. Immer häufiger serviere ich Eiergerichte oder auch «Gschwellti» mit Käse und Salaten. Von meiner Salatsauce wird gelegentlich behauptet (sogar aus Hotelierkreisen), sie sei die beste.

Wo kaufen Sie Ihre Lebensmittel ein?

Mein Mann besucht den Markt und seit rund 20 Jahren beziehen wir Bio-Gemüse. So ist der Kühlschrank meistens voll von frischen Sachen, von denen ich täglich nehme, wonach uns gelüstet.
Eine Wochenplanung fürs Essen kenne ich nicht, meistens resultiert das Menü aus einem Spontanentscheid.

Sie legten somit bereits früh grossen Wert auf biologische Produkte?

Ja, darauf schaue ich und informiere mich auch sehr gerne mal in einem Buch über Ernährung.

Wie sieht es bei den Getränken aus?

Wie bereits erwähnt bin ich einem guten Glas Wein nicht abgeneigt. Beim Weissen liegen die Präferenzen beim Yvorne und Epesses, wenn ich auswärts Rotwein bestelle, dann oft einen Barolo.

Sie sind weit gereist. Welche internationale Küche hat Sie am meisten begeistert?

Die italienische Küche hat es mir seit jeher angetan – bereits vor 20 Jahren suchten wir in London nach italienischen Lokalen. Von Freunden wurde ich in Japan in die einheimische Küche eingeweiht, von der ich seither ebenfalls begeistert bin. Leider gibt es bei uns nur wenige Möglichkeiten, sie zu geniessen.

Ihr Lieblingsrezept stammt aus Wien – hat das auch etwas mit Musik zu tun?

Und wie! Als ich den Tafelspitz kennen lernte, musste ein anderer Gast im Hotel Sacher auf seine Lieblingsspeise verzichten. Es war nur noch eine Portion vorhanden, aber mein Produzent in Wien setzte alles daran, dass ich diese erhielt. Seither habe ich dieses Gericht oftmals gekocht und immer ein gutes Echo erhalten.

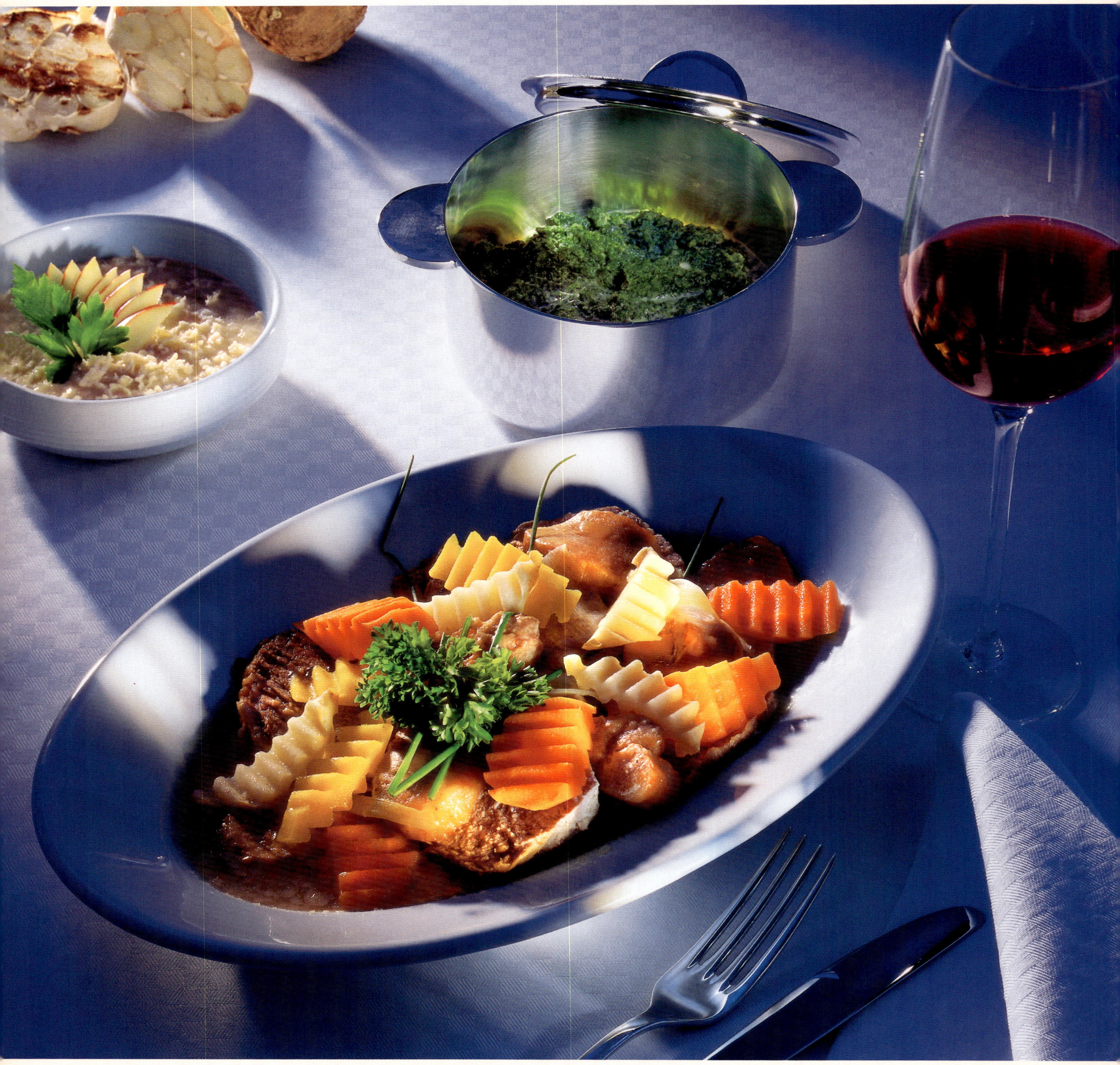

TAFELSPITZ

à la viennoise, Rezept für 4 Personen

Marguerite Dütschler

ZUTATEN

Tafelspitz

1½ kg Rindfleisch mager (z.B. Huft)

200 g Rindermarkknochen

2 Karotten

½ Knolle Sellerie

1 Lauchstengel

Muskat, Pfefferkörner

Lorbeerblätter

6 Nelken

3 Zwiebeln

Apfelkren

6 Jonagold-Äpfel; je nach Grösse auch mehr

1 Zitrone

Salz, Pfeffer

½ Stange Kren (Meerrettich)

Rahmspinat

450 g gehackter Spinat tiefgekühlt

1 Zwiebel

1 Knoblauchzehe

½ Würfel Gemüsebouillon

Salz, Pfeffer, Muskat

1 dl Rahm

Wenig Zitronensaft

Orangensalat

1 kg Orangen

3 EL Zucker

Etwas Cointreau

ZUBEREITUNG

Tafelspitz

Die blanchierten Rinderknochen (das Mark bitte vorher entfernen, da es als Suppeneinlage benötigt wird) mit kaltem Wasser aufsetzen. Die Gemüse und Gewürze beigeben und aufkochen. Das Fleisch in die heisse Bouillon geben und langsam köcheln lassen bis der Tafelspitz gar ist – je nach Grösse dauert das ca. 2½ Stunden. Die Bouillon aufbewahren.

Apfelkren

Die geschälten Äpfel mit einer feinen Reibe schaben, Zitronensaft dazugeben, mit Salz und Pfeffer würzen und den geschälten und geriebenen Meerrettich daruntermengen.

Rahmspinat

Den tiefgefrorenen Spinat zum Auftauen aus der Packung nehmen und auf einen Teller legen. Die Zwiebel schälen und fein würfeln. Die Knoblauchzehe schälen und zu der zerkleinerten Zwiebel pressen. Die feingeschnittenen Zwiebeln und den Knoblauch in wenig Butter andämpfen. Den Rahm zugiessen und bei schwacher Hitze unter ständigem Rühren mit einem Holzlöffel etwa fünf Minuten köcheln, dabei mit dem halben Bouillonwürfel, Salz, Pfeffer und Muskat würzen.

Den Spinat, der ruhig noch etwas gefroren sein kann, in die Sauce legen und so lange köcheln lassen, bis ein cremiger Spinat entstanden ist. Mit wenig Zitronensaft abschmecken.

Fertigstellen und anrichten

Die Bouillon aufkochen lassen und evtl. noch einmal mit Salz und Muskat abschmecken. Den Tafelspitz gegen die Faser in ca. 1 cm dicke Scheiben schneiden. Serviert wird zunächst die Bouillon mit den diversen Einlagen, anschliessend dann der Tafelspitz mit Apfelkren und Rahmspinat.

Orangensalat

Als passendes Dessert schlägt Marguerite Dütschler einen frischen Orangensalat vor. Die Schalen von biologischen Orangen (ohne die weisse Haut) in kleine Würfel schneiden, mit Zucker aufkochen und über die in Scheiben geschnittenen Orangen giessen. Über Nacht stehen und einziehen lassen. Mit etwas Cointreau abschmecken.

Weintipp von Klaus Schilling

HASENBERGLER BLAUBURGUNDER
AARGAU Peter Wehrli, Küttigen AG

Der prämierte Aargauer Wein passt zum Wiener Charme des Essens und entfaltet sich am besten zu der von Marguerite Dütschler produzierten Musik.

EVELYNE BINSACK

Die Bergführerin und Helikopterpilotin isst gerne, am liebsten abends, zum Abrunden von speziellen Erlebnissen und guten Erfahrungen.

Stehen Sie gerne und viel in der Küche?
Für mich alleine eher selten. Spass am Kochen habe ich dann, wenn ich viel Zeit habe und Freunde bekochen kann.

Wie lernten Sie kochen?
Bereits als Kind verfügte ich über eine gute Beobachtungsgabe. Das betraf auch die Arbeit in der Küche – ich ging ohne Respekt ans Ausprobieren. Meistens ist es gut gekommen.

Haben Sie Jugenderinnerungen im Zusammenhang mit Essen?
Im Alter zwischen 15 und 19 Jahren bekundete ich mit dem Essen Probleme. Damals betrieb ich intensiv Leichtathletik und ass zu wenig. Im Nachhinein muss ich feststellen, dass ich in dieser Lebensphase krank war.

Wie sieht Ihr heutiges Essverhalten aus?
Eigentlich habe ich Freude am Essen – ich esse gerne. Am liebsten abends nach einem intensiven Tag, zum Abrunden von speziellen Erlebnissen und guten Erfahrungen. Am liebsten natürlich mit Freunden und Bekannten.

Bedeutet Essen in den Bergen für Sie Nahrungsaufnahme?
Eigentlich schon. Ich esse meine Tagesration beim Frühstück, da «beige ich so richtig rein». Den Tag hindurch lebe ich dann wie ein Kamel...

Was kochten Sie sich im «Todes-Biwak» der Eiger-Nordwand?
In solchen Situationen ist Kochen schon anspruchsvoller. Wir sprechen da von Magenfüllern, was meistens gefriergetrocknete Schnellmahlzeiten sind, die man mit etwas heissem Wasser in einer Tüte aufweicht. So war es auch geplant bei «Eiger live» von SF DRS. Als ich aber gesehen habe, dass der Kameramann und der ihn sichernde Bergführer Älplermakkaronen assen, habe ich mich den beiden angeschlossen...

Würden Sie sich als Gourmet bezeichnen?
Weniger, denn aus meiner Sicht beinhaltet der Gourmet mehr als nur gerne gut zu essen. Mich als Gourmet zu bezeichnen, wäre gegenüber einem solchen respektlos.

Essen Sie lieber zu Hause oder auswärts?
Vom Beruf her bin ich gezwungen, viel auswärts zu essen. Eigentlich esse ich aber fast lieber zu Hause.

PERSÖNLICH

Evelyne Binsack wurde mit der Fernsehsendung «Eiger live» über Nacht berühmt. Die am 17. Mai 1967 geborene Extremalpinistin gehörte als einzige Frau den zwei Seilschaften an, welche für die Fernsehnation die klassische Heckmair-Route durchstiegen. Das Tourenbuch der in Beatenberg wohnhaften Bergführerin weist bereits viele Extremfahrten in Fels und Eis auf. Seit kurzer Zeit ist Evelyne Binsack auch als Helikopterpilotin unterwegs. Zu ihren Hobbys gehören alle Ausdauersportarten wie Biken, Joggen und Sportklettern.

Leisten Sie sich zwischendurch einen kulinarischen Luxus?

Schon, das geschieht öfters. Meistens geht aber einem solchen Essen ein gutes Erlebnis voraus. Zum Beispiel dieses Frühjahr, als mir beim Sportklettern nach vielen Versuchen erstmals eine Route im 9. Schwierigkeitsgrad gelang.

Welchem Leckerbissen können Sie nicht widerstehen?

Fast allem Süssen. Ich habe fürs Leben gerne Patisserie in allen Variationen. Aber auch bei Früchten und Vanillecreme werde ich schwach.

Als Expeditionsteilnehmerin gelangten Sie in verschiedene Länder. Bereitete Ihnen das Essen dort keine Mühe?

Nein. Aber sobald ich jeweils im Ausland bin, verspüre ich grosse Lust auf heimisches Honigbrot mit Birchermüesli.

Wie stehts mit Fisch?

Das ist nicht meine Welt. Fisch und sonstiges Meeresgetier ist mir zu wenig währschaft.

Leisten Sie sich als Sportlerin auch ab und zu einen guten Tropfen?

Sicher, aber Weisswein bekommt mir nicht. Ich liebe Rotweine, vorzugsweise ältere Jahrgänge aus dem Eichenfass, zum Beispiel einen Cabernet Sauvignon.

Und als Gipfelwein?

Wein auf dem Gipfel liegt mir nicht so. Dann schon eher ein Schluck Hochkarätiges, etwa wenn ein Gast seine Schnaps-Bouteille herumreicht!

Sie bieten seit kurzem Bergabenteuer mit dem Helikopter an. Ist das nur ein weiteres touristisches Flugangebot?

Nein, PEAK will weiter gehen. Ich möchte mich für eine gute Weiterbildungsbasis für Jungpiloten stark machen. Zudem, wenn alles klappt, möchte ich mit der Firma Katastropheneinsätze im Ausland bestreiten.

«Ich habe fürs Leben gerne
Patisserie in allen Variationen»

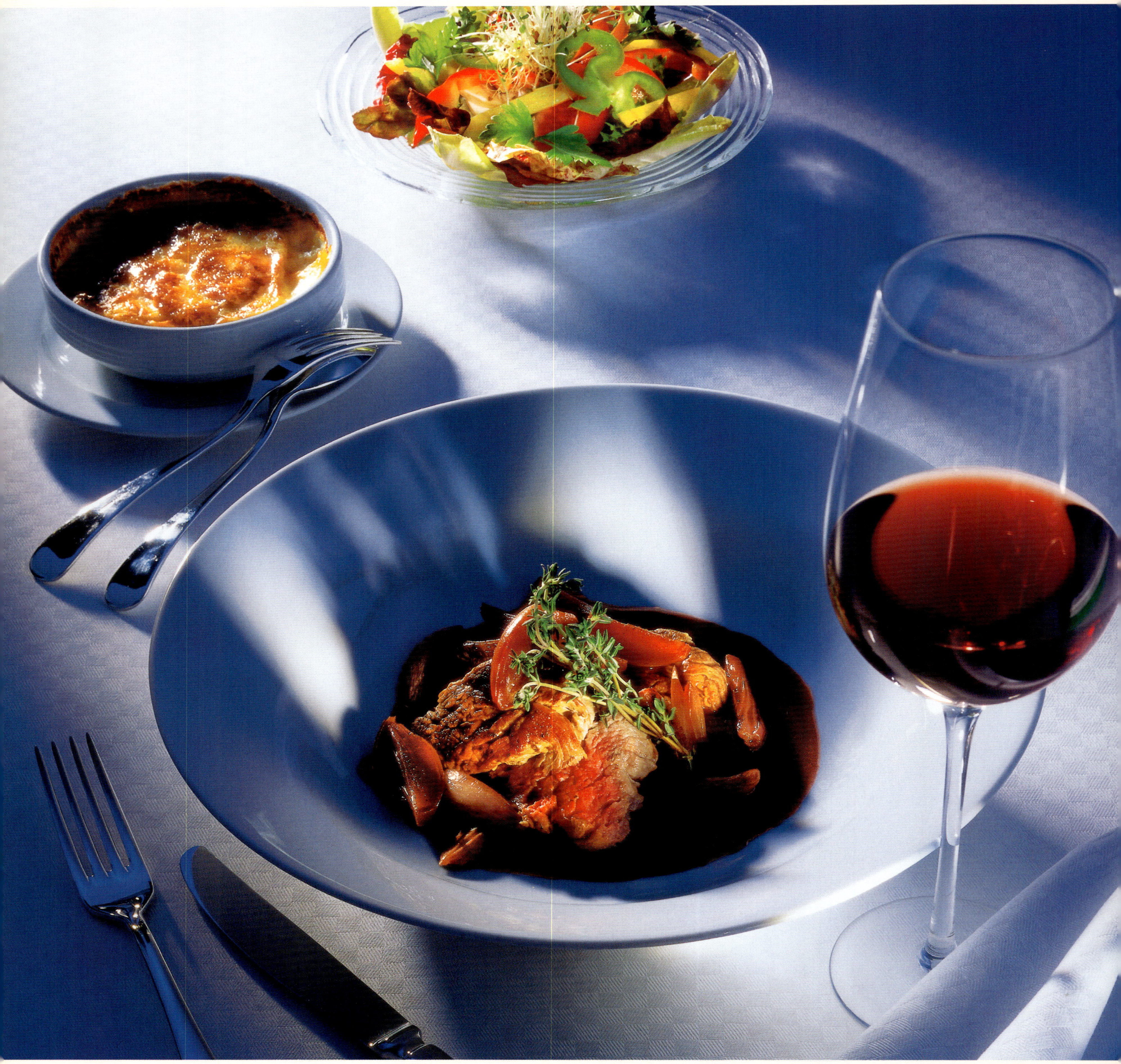

RINDSFILET MIT KARTOFFELGRATIN

mit Eisbergsalat, Rezept für 4 Personen

Evelyne Binsack

ZUTATEN

Rindsfilet

4 Schalotten

60 g Frühstücksspeck

2 TL Butter

4 EL Porto

1 dl Rotwein

2 dl Fleischfond

Salz und Pfeffer

8 Rindsfiletmedaillons à ca. 70 g

Salz und Pfeffer

2 TL Butter

Kartoffelgratin

800 g Kartoffeln

4 dl Rahm

2 dl Milch

2 TL Butter

1 Knoblauchzehe

Thymianzweiglein

Salz und Pfeffer

Muskatnuss

Salat

Grüner Eisbergsalat mit einer leichten französischen Sauce aus Öl, Essig, Gewürzen und wenig Rahm

ZUBEREITUNG

Rindsfilet

Schalotten und Frühstücksspeck sehr fein würfeln und in einer Sauteuse in der aufschäumenden Butter unter ständigem Wenden zu einer schönen Farbe anziehen. Mit Port- und Rotwein ablöschen und auf die Hälfte reduzieren, mit Fleischfond auffüllen und dann, zugedeckt auf kleinem Feuer, ungefähr 30 Minuten leise köcheln lassen. Sauce zum Schluss nach Bedarf vorsichtig salzen und mit wenig weissem Pfeffer aus der Mühle aromatisieren.

Das Fleisch mit Salz und Pfeffer würzen und in einer Bratpfanne in der aufschäumenden Butter bei mittlerer Hitze beidseitig goldbraun braten, dabei immer wieder mit der Bratbutter übergiessen. Je nach Dicke der Fleischstücke dauert dies zwischen 3–5 Minuten. Dann die Filetstückchen zugedeckt auf einem Teller einen kurzen Augenblick ruhen lassen. Den Bratsatz mit wenig Bouillon auflösen und zur Schalottensauce geben, die jetzt bei grosser Hitze zu einer sirupartigen Konsistenz gekocht wird. Das Fleisch auf heisse Teller legen und mit der Sauce überziehen.

Kartoffelgratin

Kartoffeln schälen, waschen und in feinste Scheiben von ca. 1 mm Dicke schneiden. Die Kartoffelscheiben auf einem Tuch trocknen. Eine flache Gratinform grosszügig mit Butter auspinseln und den Backofen auf 120 Grad vorheizen.

Rahm, Milch und Butter zum Kochen bringen, Knoblauch dazupressen, Thymianzweiglein zufügen und mit Salz, wenig Pfeffer und frisch geriebener Muskatnuss würzen.

Die Kartoffelscheiben in die Gratinform schichten, die Rahm-Milch-Mischung über die Kartoffeln verteilen und den Gratin auf mittlerer Rille während ungefähr 2 Stunden bei dieser erstaunlich milden Hitze überbacken. Sollte der Gratin wider Erwarten zu schnell Farbe annehmen, schützt eine Alufolie vor weiterer Bräunung.

Dazu schmeckt ein grüner Eisbergsalat mit einer leichten französischen Salatsauce vorzüglich.

Weintipp
von Klaus Schilling

CHÂTEAU PALMER – BORDEAUX, F

Nach dem gefriergetrockneten Biwakzmorge ist ein wahres Festessen wohl mehr als verdient. Zum Filet, dem edelsten Fleisch, gehört ganz bestimmt ein edler Tropfen.

VERENA KAUERT

Die Spiezer Gemeinderätin hat immer schon die «alten», traditionellen Rezepte sehr gemocht, und sie sind es auch, die sie heute noch begleiten.

Haben Sie ein Lieblingsrezept?

Ich habe verschiedene Rezepte, die ich sehr gerne mag. Hier habe ich eines ausgewählt, das ich sehr gerne zubereite, wenn wir Gäste zum Essen haben. Es ist einfach, aber schmackhaft: Simmentaler Geschnetzeltes. Dieses Rezept entspricht auch meiner Art. In der Küche bin ich nicht sehr experimentierfreudig – ich mag es eher einfach, vielleicht sogar traditionell.

Sie meinen damit die sogenannt gutbürgerliche Küche?

Eigentlich ja, obschon ich die Bezeichnung «gutbürgerlich» nicht sehr mag. Sie entspricht meinen politischen Neigungen in keiner Weise! Aber ansonsten hat es schon etwas für sich. Wir essen im Gegensatz zu früher nicht mehr sehr viel Fleisch. Das hat sich über die Jahre einfach so entwickelt. Wir essen sicherlich auch nicht vegetarisch, aber irgendwie hat sich herausgestellt, dass wir gar nicht so viel Fleisch brauchen. Wenn, dann lieber gutes Fleisch aus der Region. Hingegen mögen beide, mein Mann und ich, sehr gerne Fisch aus dem Thunersee, direkt vom Fischer. Vorzugsweise sind es Felchen, die wir kaufen, wenns welche hat.

Wie bereiten Sie den Fisch zu?

Meist backe ich ihn. Erst wird der Fisch im Bierteig oder im Mehl gewendet, dann kommt er in die Bratpfanne.

Welche Rolle spielt für Sie die Qualität?

Grundsätzlich ist mir Qualität in allen Bereichen sehr wichtig. Mein Mann und ich kaufen zwar nicht konsequent biologisch ein, wir achten aber sehr auf regionale und saisongerechte Lebensmittel.

Sie sind also nicht die einzige Person im Haushalt, die einkaufen geht?

Mein Mann arbeitet unregelmässig. Das macht es manchmal schwierig, den Haushalt zu organisieren. Deshalb hilft mein Mann auch viel mit, kauft ein oder kocht. Er kann eigentlich so gut kochen wie ich auch. Meine zwei Söhne wurden von Anfang an in den Haushalt mit einbezogen. Wir leben daher recht unkonventionell. Das Essen als Kultur wird deshalb vor allem am Wochenende gepflegt.

Sie haben wenig Zeit. Worauf achten Sie, wenn Sie sich mit Familie oder Freunden zusammensetzen?

Am Sonntag kommt oft der ältere Sohn mit seiner Freundin zu Besuch und auch der jüngere Sohn ist zu Hause. Dann nehmen wir gemeinsam

PERSÖNLICH

Verena Kauert, Jahrgang 1948, Spiezer Gemeinderätin und Grossrätin (bis Frühjahr 2000), erlebt den Spagat als politisierende Ehe- und Hausfrau positiv. Für sie war immer selbstverständlich, dass ihr Mann und die zwei Söhne den Haushalt in Schwung halten können. Die SP-Politikerin erachtet ein gutes Essen als soziales Engagement, wobei das Kochen zweitrangig ist. Verena Kauert bevorzugt Gemüse aus dem eigenen Garten, ihre Hobbys sind Lesen und Stricken.

«Ein schön gedeckter Tisch gehört einfach zu einem guten Essen»

das Abendessen ein. In diesen Momenten mag ich es besonders, wenn das Ganze Stil hat. Ein schön gedeckter Tisch, ein schmackhaftes Menü und eine gute Flasche Wein gehören einfach dazu. Leider kommen diese Momente in letzter Zeit zu kurz. Ich kann nicht behaupten, dass wir viel Besuch haben – leider. Aber oft hat man weder die Kraft noch die Courage dazu, Besuch im grösseren Stil zu bewirten. Ich bin praktisch jeden Abend unterwegs und geniesse dann die raren Stunden im kleineren Rahmen allein mit meinem Mann oder mit der ganzen Familie.

Haben Sie auch Tricks für das Einsparen von Zeit entwickelt, kurze Rezepte oder ähnliches?

Ja, sicher. Kartoffeln bereite ich des Öfteren so auf die Schnelle zu. «Gschwellti» eignen sich hervorragend, daraus kann man am nächsten Tag noch Rösti zubereiten. Salat gehört eigentlich immer auf den Tisch – auch der ist ja rasch zubereitet. Käseschnitten, Gemüsereis oder auch mal eine Suppe gehören in die Reihe der «schnellen» Gerichte. Praktisch sind auch Gerichte, die man am Tag darauf oder abends noch wärmen kann. Ich habe einen Mikrowellenherd – nicht gerade ökologisch, aber praktisch! – und mit diesem können mein Mann oder auch ich unsere Mahlzeiten aufwärmen. Mein Mann hat über die Jahre eine Vorliebe für das Zubereiten von Rösti entwickelt – er macht sich diese recht oft. Dazu ein Stück Käse und etwas Salat, und man hat gut und ausgewogen gegessen.

Den meisten Menschen bleiben Gerichte aus der Kindheit in lieber Erinnerung. Kennen Sie solche Gerichte ebenfalls?

Ja, das kenne ich. Als Kind liebte ich «Fotzelschnitten» – dabei fällt mir auf, dass ich diese schon längere Zeit nicht mehr zubereitet habe. Ich mag sie nämlich heute noch!
Eigentlich habe ich immer die «alten», traditionellen Rezepte sehr gemocht, und sie sind es auch, die mich heute noch begleiten.

Gibt es einzelne Gerichte, mit denen man Sie so richtig verwöhnen kann?

Es hängt ganz von meiner Laune ab, ob man mich mit Süssem oder Salzigem verwöhnen kann! Das kann ein schönes Stück Fleisch sein, oder auch mal ein Birchermüesli oder Gschwellti mit Salat, Hobelkäse oder viele andere Dinge. Es fällt mir auch schwer, ein Lieblingsrezept zu bestimmen. Ich mag so viele verschiedene Dinge, dass ich mich nur schwerlich entscheiden kann. Eigentlich beschreibe ich mich auch nicht als leidenschaftliche Köchin, vielleicht kommt es daher, dass mir in dieser Hinsicht die Leidenschaft fehlt. Ich koche, weil ich das ganze Drumherum sehr liebe – Geselligkeit, Gespräche. Gutes Essen gehört dann einfach dazu – man könnte es als soziales Engagement betrachten. Das Kochen als solches betrachte ich nicht als Hobby oder als wichtige Beschäftigung, man macht es, weil man gerne gut isst! Wenn wir Freunde zum Essen einladen, achte ich darauf, dass ich etwas zubereite, wofür man nicht Stunden in der Küche verbringen muss. Irgendetwas im Teig zum Beispiel, das kann man vorbereiten und kann die Zeit mit den Freunden geniessen.

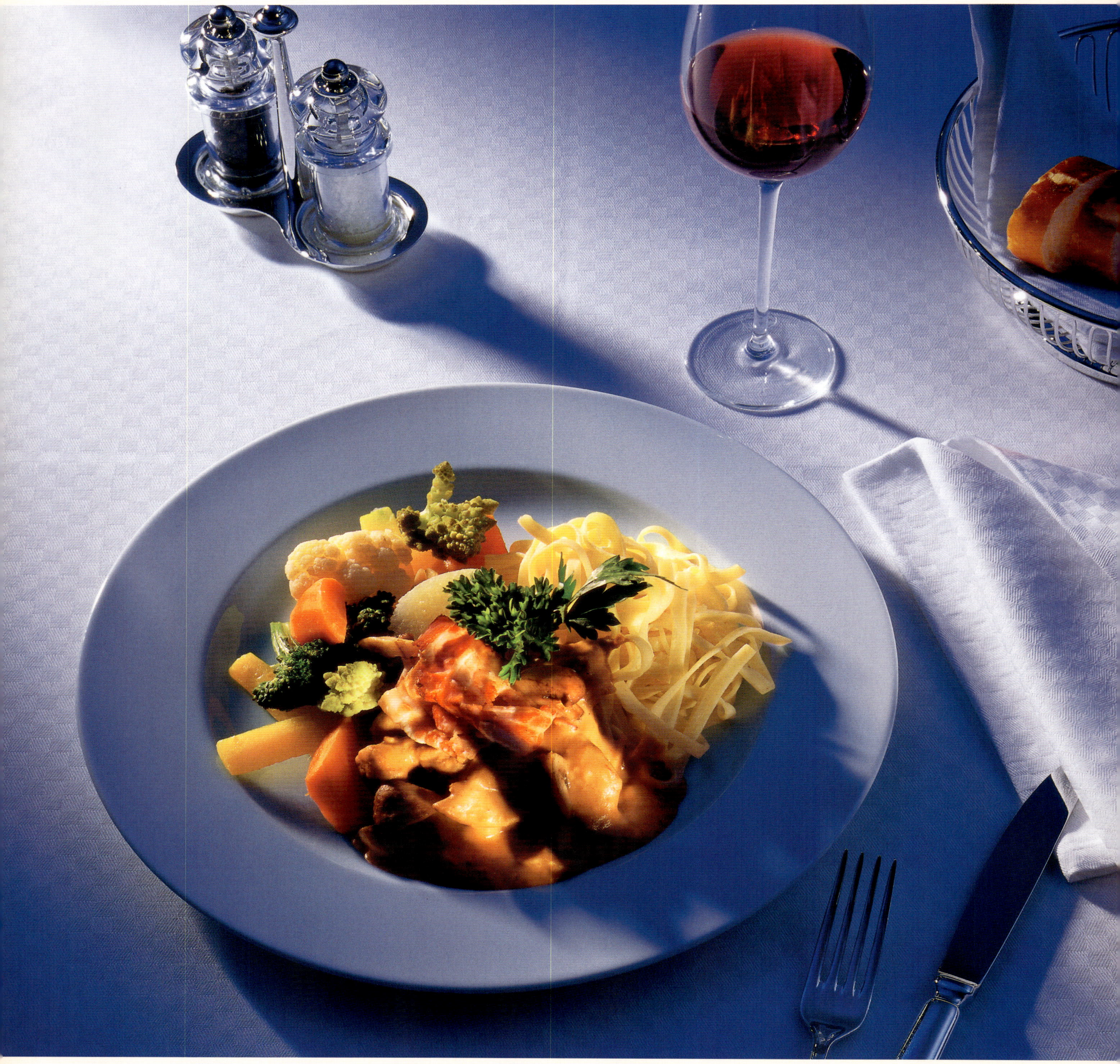

SIMMENTALER GESCHNETZELTES

Rezept für 4 Personen

Verena Kauert

ZUTATEN

Geschnetzeltes

800 g Freiland-Weidefleisch (Jungrind), vorzugsweise aus dem Simmental, ganz dünn geschnetzelt

150 g Speckwürfeli

8–10 kleine Zwiebeln

Frische Champignons

Frische Gartenkräuter

Salz, Pfeffer

Paprika

3 dl Rotwein

Tomatenpüree

Früchtekuchen

Süsser Mürbeteig

Beeren (Himbeeren, Johannisbeeren usw.)

ZUBEREITUNG

Simmentaler Geschnetzeltes

Speck und Fleisch in wenig Öl anbraten. Mit etwas Mehl bestäuben, Tomatenpüree sowie die Kräuter beigeben. Mit Salz, Pfeffer und Paprika würzen.

Die Zwiebeln je nach Grösse halbieren oder vierteln und dazugeben.

Mit Rotwein ablöschen und etwa eine Stunde auf kleinem Feuer köcheln lassen.

Kurz vor dem Servieren die feingeschnittenen Champignons beigeben und das Gericht mit etwas Rahm verfeinern.

Beilagen

Ein reichhaltiger Saisonsalat passt sehr gut wie auch Wildreis oder Teigwaren und Gemüsebeilage, wie zum Beispiel Broccoli.

Dessert

Früchtekuchen mit frischen Beeren und Vanillecreme.

Mürbeteig auswallen und bei Mittelhitze im vorgeheizten Ofen backen. Kurz vor dem Servieren die Vanillecreme auf den Kuchenboden geben, mit verschiedenen Beeren belegen und mit Rahm garnieren.

Weintipp
von Klaus Schilling

SPIEZER BLAUBURGUNDER
Rebbaugenossenschaft Spiez

Zu so viel Hausmannskost gehört doch ein fruchtiger Berner Wein. Zum Ablöschen des Gebratenen ist dieser Wein aber doch fast zu schade.

BERNHARD FAHNER

Den Fleischliebhaber kann man auch mit rein vegetarischen Gerichten verwöhnen.

Welches ist Ihr Lieblingsrezept?

Eigentlich ist mir die einfache, bäuerliche Küche am liebsten. Was ich auch sehr gerne mag, ist ein Steak mit Pfeffersauce, Teigwaren und Gemüse – besonders Fenchel. Als Vorspeise bevorzuge ich einen Nüsslersalat mit Ei und Speck. Das sind auch die Speisen, die ich mir am meisten wünsche oder im Restaurant bestelle.

Begleitet Sie dieses Menü bereits von Kindsbeinen an?

Ja, es hat sich in den letzten zwanzig Jahren zu meinem Favoriten gemausert.

Sie scheinen ein Fleischliebhaber zu sein?

Oh ja! Man kann mich zwar auch mit rein vegetarischen Gerichten verwöhnen. Aber so ein-, zweimal die Woche gibt es bei uns zu Hause Fleisch. Ein saftiges und gut zubereitetes Rindsfilet kann mich ebenso begeistern, wie zum Beispiel ein Fenchelauflauf. Als ich in Argentinien war, habe ich das einheimische, äusserst schmackhafte und zarte Fleisch kennen und schätzen gelernt. Ich ziehe es vor, ein kleineres, dafür umso besseres Stück Fleisch zu essen und dafür noch Salat, Gemüse und Teigwaren dazu.

Kochen Sie selber auch?

Leider viel zu wenig! Ich bin nicht unbedingt ein Top-Koch und habe es auch nie richtig gelernt. Für den Hausgebrauch oder wenn ich mit Gästen in einer Hütte in den Bergen bin reichts gerade! Aber wenn ich ehrlich sein soll, lasse ich mich eigentlich lieber von anderen verwöhnen!

Das bedingt meistens, dass zu Hause eine Partnerin ist, die gerne kocht?

Auf jeden Fall! Nein, im Ernst, meine Frau kocht ausgezeichnet. Wir arbeiten beide viel und deshalb kommt es regelmässig vor, dass wir aus Zeitgründen – und zum Entspannen – im Restaurant essen. Wenn ich die Wahl habe, ziehe ich es jedoch vor, zu Hause einen gemütlichen Abend zu verbringen.

Gibt es Rezepte, welche Sie von Kindheit an begleitet haben?

Meine Mutter kochte sicherlich einmal in der Woche Älplermakkaronen mit viel Käse, Zwiebeln, Speck und etwas Rahm. Meine Vorliebe für Teigwaren stammt wahrscheinlich auch aus meiner Kindheit. Mein Vater mochte sehr gerne Gemüse, vor allem aber Fenchel. Diese Vorliebe

PERSÖNLICH

Bernhard Fahner gehörte während 14 Jahren dem Kader der Schweizer Ski-Nationalmannschaft an. 1981 wurde er Junioren-Europameister in der Abfahrt. Der Meiringer ist Inhaber eines Sportfachgeschäfts. Als Bergführer ist er viel unterwegs: im Frühjahr 2000 stand er alleine auf dem Mount Everest.
Bernhard Fahner ist seit dem 9. 9. 1999 verheiratet. Seine Hobbys gelten dem Sport allgemein – Skifahren, Joggen und Bergsteigen im Speziellen.

«Heute esse ich viel weniger Fleisch als früher»

habe ich von ihm übernommen. Viele Menschen mögen dieses Gemüse überhaupt nicht. Ich könnte Fenchel täglich und mit Freude essen – auf meinem Teller bleibt er nie liegen! An Weihnachten bereitete meine Mutter oft ein Filet im Teig zu. Auch dies ist ein Rezept, das mich immer an meine Kindheit erinnert und das ich auch heute noch sehr gerne esse.

Hat sich Ihr Essverhalten nach der Aktivzeit als Skirennfahrer verändert?

Heute esse ich viel weniger Fleisch als früher. Möglicherweise ist es ein Zeichen der Zeit, dass heute allgemein weniger konsumiert wird als vor ein paar Jahren. Ich habe auch das Gefühl, dass ich es nicht mehr so brauche, wie während meiner Aktivzeit als Skirennfahrer. Aber für ein wirklich gutes Stück Fleisch gehe ich auch heute sehr weit! Ich achte vermehrt darauf, gute Qualität zu kaufen und weiche auch mal auf Pouletbrüstchen aus. Manchmal werde ich das Gefühl nicht los, dass viele Menschen wegen der Nahrungsmittel nicht vollständig gesund oder gar krank sind. Die schlechte Haltung der Tiere, sowie deren Fütterung und die tierärztliche Behandlung, scheinen in vielen Fällen zweifelhaft, wenn nicht gar stark manipuliert. Ich weiss von Menschen, die durch Fasten und bewusstes Essen wieder gesund oder jedenfalls stabiler in ihrer Gesundheit geworden sind. Für meine Person gilt dies genauso. Während der hochalpinen Touren in Pakistan und Nepal habe ich gemerkt, was für meinen Körper gut ist und was ihm nicht bekommt. Nach diesen Touren fühlte ich mich jedes Mal fitter, gesünder und aktiver als je zuvor und habe bemerkt, welcher Zusammenhang zwischen der Ernährung und der Bewegung besteht. Ich versuche, mich heute bewusst gesund zu ernähren und werde künftig meine Erkenntnis sogar verstärkt umsetzen und mit zwölf- bis vierzehntägigen Fastenkuren meinen Körper regelmässig entgiften.

Sie gehen viel und oft in die Berge, wie sieht Ihre Ernährung dann aus?

Ich betreibe eine Bergsteigerschule und leite Bergtouren in der Schweiz und auch in Nepal. In diesen Gebieten ist die Nahrungsfülle recht limitiert. Dadurch habe ich auch festgestellt, dass wir mit viel kleineren Mengen an Nahrung zurecht kommen als wir meinen. Aus diesen Erkenntnissen habe ich mich mehr auf meine Umwelt konzentriert und gemerkt, dass hauptsächlich kranke Menschen sehr auf ihre Ernährung achten müssen und damit auch Erfolge erzielen. An mir selber konnte ich feststellen, dass die vielen verschiedenen kleineren Symptome, die irgendwann einfach beginnen, plötzlich weg waren.

Um zurück zu kommen auf Ihre Frage: Meistens isst man gemeinsam in der Berghütte vor dem Aufstieg viel zum Frühstück. Brot, Käse und Müesli sind so die nahrhaftesten Lebensmittel, die gegessen werden. Als Berufsbergführer kommt man dann tagsüber nicht oft dazu, etwas zu essen und braucht es auch nicht unbedingt. Ein Stück Brot, etwas Mostbröckli oder ein Riegel reichen meist!

Wie steht es mit dem Trinken?
Auf den Bergtouren wird typischerweise viel zu wenig getrunken. Schlussendlich muss alles ja auf dem eigenen Rücken getragen werden! Der Flüssigkeitsmangel wird aber morgens und abends kompensiert.

Haben Sie überhaupt Zeit dazu, mit Freunden oder der Familie ein Essen zu zelebrieren?
Wenn man täglich unter so vielen Menschen ist, zieht man es abends oder am Wochenende vor, alleine etwas zu unternehmen oder zu Hau-

se einen gemütlichen Abend zu verbringen. Meine Freizeit geniesse ich am liebsten irgendwo alleine beim Sport oder mit meiner Frau zusammen. Das ganze Millenniums-Getue haben meine Frau und ich weit hinter uns gelassen und verbrachten Silvester gemeinsam in einer kleinen Hütte weit oben am Berg. Wenn jemand den ganzen Tag vor einem Computer sitzt, gesellt er sich abends sicherlich gerne unter Menschen.

«Als Bergführer kommt man tagsüber oft nicht dazu, etwas zu essen»

Gibt es einen Leckerbissen, dem Sie trotz Ihrer gesunden Ernährungsweise nicht widerstehen können?

Ganz sicher! Ein feines Schokoladen-Mousse kann mich sehr schnell verführen. Ich habe zwischendurch «Anfälle» bei denen ich vor einer Portion Pommes frites schwach werde – ganz entgegen meinen Prinzipien! Wenn ich viel arbeite und eine strenge Zeit hinter mir habe, dann werde ich von solchen Gelüsten regelrecht überfahren. Quasi als Stressbewältigung! Andererseits kann ich während Wochen ohne Zucker leben und sämtlichen Süssigkeiten widerstehen.

Steinsee (Gadmertal) mit Steingletscher und Sustenhorn

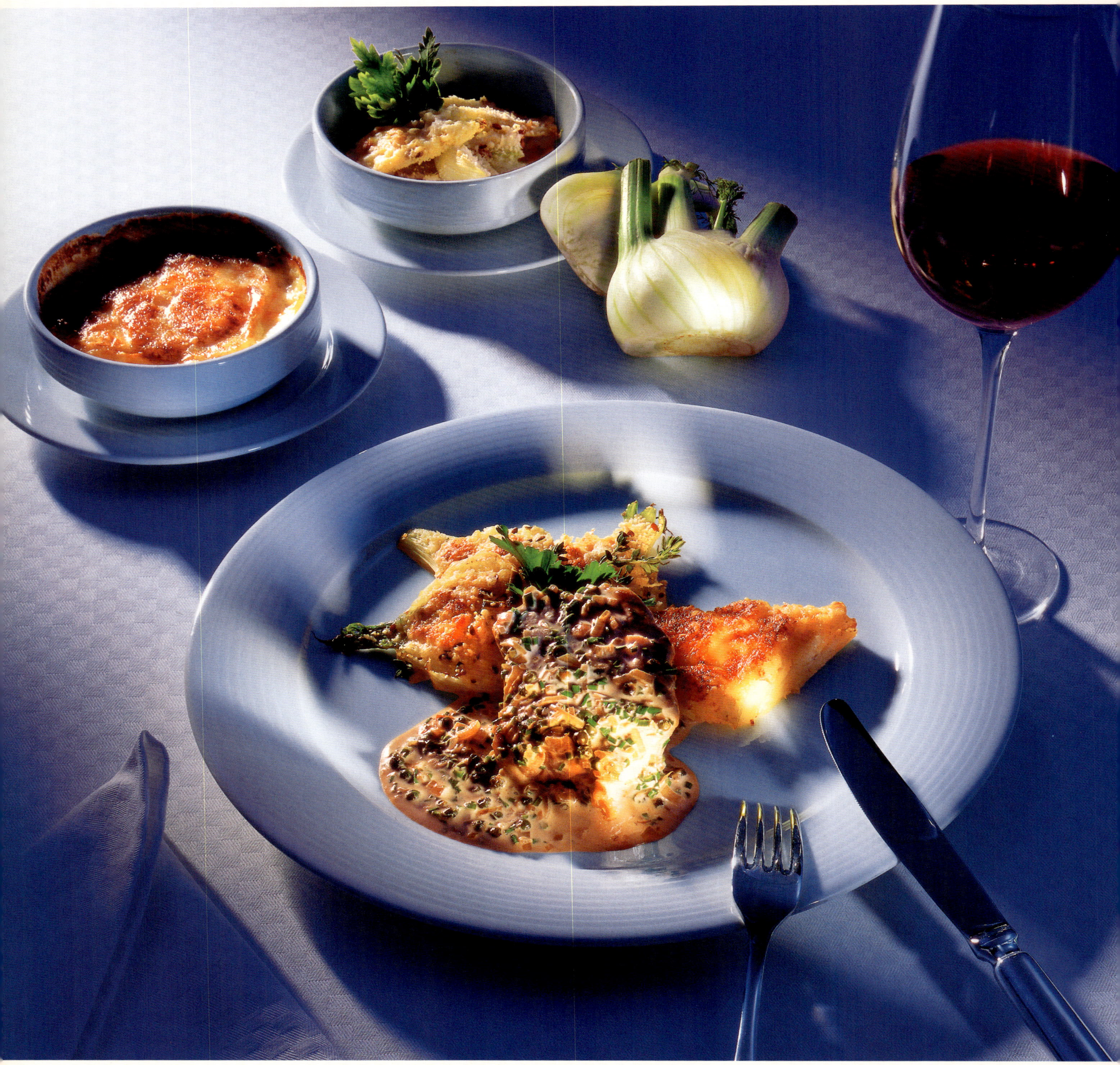

STEAKS MIT PFEFERSAUCE

Teigwaren und Fenchel, Rezept für 4 Personen

Bernhard Fahner

ZUTATEN

Steaks mit Pfeffersauce

4 Rindssteaks (Hohrücken oder Entrecôte)

Bratbutter

1 dl Bouillon oder Kalbsfond

1 dl Rahm

Etwas Maizena

1–2 TL grüner Pfeffer, eingelegt nach Belieben

1 dl trockener Wermut oder Sherry

Schokoladenmousse

125 g schwarze Schokolade

75 g Butter

2 Eigelb

3 Eiweiss

20 g Zucker

Zum Garnieren

Schokolade

Puderzucker

ZUBEREITUNG

Steaks mit Pfeffersauce

Die Bratbutter in einer Pfanne erhitzen. Die Steaks darin von jeder Seite drei Minuten anbraten und salzen. Fleisch herausnehmen und warm stellen. Trockener Wermut, Bouillon und Rahm in die Pfanne giessen und kurz aufkochen, Sauce durch ein Sieb giessen und in einem Topf aufkochen. Etwas Maizena einrühren. Grünen Pfeffer dazugeben, die Sauce mit Salz und Pfeffer würzen. Steaks und Pfeffersauce anrichten.
Dazu schmecken Teigwaren oder Kartoffelgratin und mit Käse überbackener Fenchel.

Schokoladenmousse

Die Schokolade im Wasserbad schmelzen lassen. Neben dem Feuer die Butter zufügen und mit dem Schneebesen hineinschlagen, bis die Mischung eine cremige Konsistenz bekommt. Eigelb dazurühren und alles etwas abkühlen lassen. Diese Mischung darf nur noch knapp lauwarm sein – sie wäre sonst zu flüssig für eine homogene Verbindung mit dem Eiweiss. Eiweiss zu steifem Schnee schlagen – nach etwa zwei Minuten den Zucker zufügen, damit dieses leichter gelingt. Die Schokoladenmasse auf diesen Schaum geben und vorsichtig unterheben.

Das Schokoladenmousse in Portionenschälchen oder in einer grossen Schale servieren. Mit einem Kartoffelschälmesser von einer Schokoladentafel dünne Späne abhobeln und die Mousse damit verzieren, danach mit Puderzucker bestäuben. Gut gekühlt servieren.

Weintipp
von Klaus Schilling

HESS COLLECTION, NAPA VALLEY
Münsterkellerei Bern und andere lokale Händler

Nicht unbedingt ein Geniesser auf 8000 m ü. M. Aber zum Steak eine Flasche kalifornische Sonne ist allemal festlicher als Hahnenwasser für den Flüssigkeitshaushalt.

BRUNO KERNEN

Durch seine Frau Eduarda hat der gelernte Koch und Ex-Skirennfahrer Fische und Meeresfrüchte kennen und schätzen gelernt.

Bruno Kernen, haben Sie ein Lieblingsrezept?

Jawohl, es hängt sicher mit meinem Hobby zusammen: der Jagd. Es sind Gemsmedaillons Ruedi, die auch in meinem kleinen Rezeptbuch aufgeführt sind. In diesem Buch konnten Restaurants und Hotels aus dem Saanenland ihre Lieblings- oder Wunschrezepte veröffentlichen.

Ihr ursprünglicher Beruf ist Gastronom. Haben Sie diesen Beruf auch ausgeübt?

Ehrlich gesagt war ich die meiste Zeit meines Lebens Skirennfahrer. Ich bin im Gastronomiebereich aufgewachsen und habe eine Lehre als Koch absolviert. Wegen des Skifahrens hatte ich wenig Zeit, praktische Erfahrungen zu sammeln.

Wir haben auch schon mit Michael von Grünigen und Bruno Kernen aus Faulensee gesprochen. Sie haben uns verraten, dass sie in den Camps, vor allem in den Staaten, manchmal selber kochen. Ihre Teamkollegen waren sicher glücklich, Sie bei sich zu haben?

Ab und zu haben wir ein gutes Steak gebraten. Viel zu selten – uns fehlte oft die Zeit zum Kochen.

Womit konnten Sie Ihren Freunden eine Freude bereiten?

Frisches Gemüse vom Markt und ein gutes Stück Fleisch hat jedem geschmeckt. In den Staaten gibt es eine vielfältige Auswahl an Speisen, oft verstehen die Amerikaner es einfach nicht, sie richtig zuzubereiten. Viele leben nur von Fast-Food-Hamburgern. Aber es gibt natürlich auch in den USA gute Köche.

Wir haben draussen einen Oklahoma-Joe-Grill gesehen. Benützen Sie ihn oft?

Wir haben zwei davon. Letztes Jahr haben wir einmal in beiden Öfen das Fleisch für 360 Leute zubereitet. Man kann aber auch Fisch, Lachs oder einzelne Kartoffeln im Grill zubereiten. Die Hitze des Ofens ist sehr wichtig. Die meisten Leute braten das Fleisch zu heiss. Für eine konstante Wärme sind sicher Buchenholz oder Hölzer mit speziellem Geschmack gut geeignet. Das Spezielle an dieser Zubereitungsart ist der Rauchgeschmack. Zudem hat das Fleisch wenig Gewichtsverlust und eine gute Konsistenz und Qualität. Wir benützen den Grill vor allem bei grösseren Gruppen (ab 10 Leuten).

Wie stehen Sie allgemein zum Essen?

Ich muss auf mein Gewicht achten. Wenn ich alles essen würde, worauf ich Lust habe, wäre ich 20 Kilo schwerer. Die Mengen, die ich zur Zeit des

PERSÖNLICH

Bruno Kernen aus Schönried ist verheiratet und Vater von zwei Kindern (Tochter elf, Sohn sieben Jahre alt). Der 39-jährige Hotelier fuhr zwischen 1978 und 1989 während elf Saisons im Weltcup. Unvergessen ist sein grossartiger Abfahrtssieg 1983 auf der Streif in Kitzbühel. Heute gilt eines seiner Hobbys dem Skifahren mit den Kindern. Aber auch Velofahren, Golfen und vor allem die Jagd sind ihm wichtig.

«Auf eine einsame Insel würde ich immer noch eine italienische Mamma mitnehmen»

Spitzensports gegessen habe, stehen in keinem Verhältnis zu dem, was ich heute esse. Zudem habe ich sehr gerne Süsses. Durch meine Frau Eduarda, sie ist Brasilianerin, habe ich Fische und Meeresfrüchte kennen und schätzen gelernt. Ich liebe Sushi. Im Allgemeinen mag ich es gerne einfach. Ab und zu geniesse ich gerne ein Stück Fleisch, nicht sehr fett, es muss nicht zwingend Rindsfilet sein.

Welches einfache Gericht mögen Sie besonders?
Ganz klar Gerichte aus der italienischen Küche wie Teigwaren, Gemüse, dazu Olivenöl.

Pflegen Sie in Ihrer Familie eine kulinarische Kultur die ständig weitergegeben wird?
Ja, traditionsgemäss gibt es bei meiner Schwiegermutter an Weihnachten den Truthahn. Einmal im Jahr geniessen wir etwas Kaviar. Früher habe ich mich gefragt, wie man so etwas essen kann, heute könnte ich ein halbes Kilo Kaviar selber essen. Auf dem Menü gibt es bei uns jeden Freitag Fisch. Das mag ich sehr.

Gehen Sie auch in die Küche, um zu naschen?
Ja, es kommt vor. Zum Beispiel ein Stück Brot, am liebsten wenn es schon ein bisschen hart ist. Natürlich auch Käse und andere Milchprodukte. Im privaten Kreis gibt es bei uns häufig einfach Brot und Käse.

Wo tanken Sie auf?
Verzichten kann ich auf eine Disco. Als Ausgleich zu meinem Beruf schätze ich es, wenn ich es mir zu Hause gemütlich machen kann.

Machen Sie Betriebsspionage?
Sowieso! Wenn ich neue Sachen finde, die mir gefallen, schreibe ich sie mir auf. Es kommt auch vor, dass wir in einem Restaurant sitzen und mir ein «adieu merci» herausrutscht, wenn jemand das Lokal verlässt!

Gibt es eine Küche, die Sie speziell mögen?
Auf eine einsame Insel würde ich immer noch eine italienische Mamma mitnehmen. Generell besteht ein Trend, vermehrt zu versuchen, die verschiedenen Küchen und Esskulturen zusammenzuführen.

Welchem Leckerbissen können Sie nicht widerstehen?
Für mich ist es beim Essen wie mit Musik. Ich kann auch nicht immer nur Hard Rock hören. Es ist sehr stimmungsabhängig.

Welches Dessert wählen Sie zu Ihrem Lieblingsmenü aus?
Warme Zwetschgen mit Zimtglace.

Und die Vorspeise?
Jägersalat; Blattsalat, gebratener Speck, Brotcroûtons, Knoblauch oder Terrine.

Welcher Wein dazu?
Wie wärs mit einem Walliserwein Cornalin oder einem Syrah aus Australien?

120

GEMSMEDAILLONS RUEDI

Rezept für 4 Personen

Bruno Kernen

ZUTATEN

Jägersalat

100 g Speckwürfelchen

2 Scheiben altes Toastbrot

Blattsalat

Knoblauch

Französische Salatsauce

Gemsmedaillons

550 g Gemsfilet

12 Speckstreifen

Spätzli

250 g Mehl

2 Eier

1 dl warmes Wasser

Salz, Pfeffer

Muskatnuss

Sauce forestière

50 g Morcheln

100 g Eierschwämme

100 g Steinpilze

100 g Champignons

50 g Butter

50 g Schalotten

50 g Knoblauch

2 dl warmes Wasser

3 dl Rahm

1 dl Bouillon

Salz, Pfeffer, Petersilie

Warme Zwetschgen

500 g reife Zwetschgen

3 EL Zucker

Schlagrahm

Zimtstangen

ZUBEREITUNG

Jägersalat

Speck und Brotcroûtons braten resp. rösten, Blattsalat waschen, zerkleinern. Leichte französische Salatsauce mit etwas Knoblauch über die gemischten Zutaten geben.

Gemsmedaillons

Die 12 Medaillons mit Salz und Pfeffer würzen und mit den Speckstreifen einrollen. Mit einem Zahnstocher befestigen. In der Pfanne je nach Geschmack saignant oder à point braten.

Spätzli

Mehl und Eier mit dem Wasser gut vermischen und zu einem Teig kneten. Abschmecken mit wenig Salz und Muskatnuss. Den Teig durch ein Spätzlisieb in siedendes Salzwasser passieren. Zum Fertigstellen in einer Butterpfanne leicht anbraten, bis sie goldbraun sind.

Sauce forestière

Die Morcheln, Eierschwämme, Steinpilze und Champignons in feine Würfel schneiden. Butter, gehackte Zwiebel und Knoblauch kurz andünsten und mit den gehackten Pilzen fertigdünsten. Mit Wasser ablöschen, dann Rahm und Bouillon dazugeben, ohne zu kochen. Abschmecken mit Salz und Pfeffer. Am Schluss etwas frisch gehackte Petersilie daruntermischen.

Warme Zwetschgen mit Glace

Zwetschgen mit Zucker einkochen, mit Zimtglace anrichten, eventuell mit Schlagrahm und Zimtstangen garnieren.

Weintipp von Klaus Schilling

CASASILIA Poggio al Sole, Tavernelle Val di Pesa/Chianti

Wenn Saanenländer Gemsen in die Ferien könnten, würden sie die Hügel der Toscana auswählen. Der Wein eines Schweizers passt hervorragend zu den Jagdtrophäen des Skifahrers und Hoteliers.

KARL MOLITOR

Auch als Achtzigjähriger fährt der Rösti-Liebhaber immer noch leidenschaftlich gerne Ski.

Herr Molitor, haben Sie ein Lieblingsrezept?

Klar habe ich ein Lieblingsessen. Ich mag einfache, aber schmackhafte Gerichte. Zum Beispiel eine goldgelbe Rösti mit geschnetzelter Leber, einem grünen Salat und einem guten Schluck Rotwein. Schweizer Rotwein, einen Dôle oder Pinot Noir. Mehr brauche ich nicht!

Wie sollte die Leber zubereitet sein?

Da bin ich schon überfragt! Ich bin kein Koch, esse aber sehr gerne gut. Täglich sage ich meiner Frau, dass sie ausgezeichnet kocht, und frage, wer denn so gut einkaufe?

Kaufen Sie oft ein?

Oh ja, ich kaufe oft und gerne ein, Gemüse, Salat, Fleisch und was noch alles dazugehört. Ich bin zwar kein grosser Esser von Gemüse, aber Kartoffeln mag ich sehr gerne. Mein Favorit ist die Rösti, aber ohne Speckwürfel. Käserösti ist auch etwas ganz Feines. Vor etwa fünfzig Jahren, als wir noch einen Skischuhfabrikationsbetrieb hatten, arbeiteten wir mit einigen Mitarbeitern bis spät am Abend. Wir exportierten einen grossen Teil unserer Skischuhe nach Amerika. Nach getaner Arbeit kochten wir uns noch öfters eine gute Rösti und genossen das gemütliche Zusammensein.

Sie sind kein grosser Koch?

Gar nicht! Am Morgen mache ich lediglich heisses Wasser für den Frühstückstee und damit hat es sich. Ansonsten halte ich mich völlig aus der Küche raus. Ich esse sehr gerne, aber mit dem Kochen habe ich gar nichts am Hut.

Haben Sie Kindheitserinnerungen an spezielle Gerichte?

Sicher, ja. Meine Mutter bereitete früher oft Kutteln zu. Natürlich habe ich sie nie gefragt, wie man sie zubereitet – es hat mich auch nicht interessiert.
Es ist aber ein Gericht, das mir meine Mutter mit auf den Weg gegeben hat. Sie kochte für mich früher oft Blut- und Leberwurst, auch wieder mit Kartoffeln, das mag ich heute noch sehr gerne. Kartoffelstock finde ich auch sehr fein – mit einem Stück Fleisch dazu ist das ein Festessen.

Sie haben von Ihrer Exporttätigkeit erzählt. Während dieser strengen Zeit waren Sie viel unterwegs. Wie haben Sie sich verköstigt?

Ich war sehr viel unterwegs – in der Schweiz im Auto. Später in Amerika per Bahn und Flugzeug. Sicher hatte ich damals nicht viel Zeit für ein grosses Frühstück. Meist konnte ich lediglich zwei Kun-

PERSÖNLICH

Karl Molitor, der König des Lauberhorns. Der 1920 geborene Schuhfabrikant gewann das prestigeträchtige Skirennen insgesamt elf Mal. Auch von internationalen Grossanlässen wie Weltmeisterschaften und Olympischen Spielen kehrte er mit Medaillen nach Hause. Der Wengener ist verheiratet und hat einen Sohn. Neben Golf, Skifahren, Wandern, Kreuzworträtseln gehört auch heute noch Arbeiten zu seinen Hobbys.

«Ein gutes Essen an einem weiss aufgedeckten Tisch, mit Kerzenlicht, empfinde ich als Genuss»

den an einem Tag besuchen. Es gab ja noch keine Autobahnen. So reiste ich morgens nach Lausanne und über Mittag nach Bern. Deshalb waren die Gelegenheiten für eine regelmässige Verpflegung rar. Am Abend habe ich dann immer sehr gemütlich und ausgedehnt getafelt.

Haben Sie es immer geschafft, nach Hause zu fahren?

Meist nicht! Deshalb ass ich sehr oft alleine in einem Hotel. Das hat aber dem Genuss keinen Abbruch getan. Wenn ich es schaffte, wurde ich zu Hause immer von meiner Mutter, später von meiner Frau verwöhnt. In Amerika war das natürlich anders, die servierten meist am Abend ein riesiges Steak, während wir den Tag über kaum dazu kamen, etwas zu essen.

Sie haben ein bewegtes Leben geführt?

Ja, sicher. Aber ich musste immer gut essen, um diese Erfolge realisieren zu können. Ich bin hier in Wengen aufgewachsen und zur Schule gegangen. Meine Eltern haben mich nach England geschickt, wo ich nebenbei als Volontär gearbeitet habe. Später habe ich bei verschiedenen Sportartikelherstellern gearbeitet. 1943 musste ich wieder nach Hause, weil mein Vater krank wurde, und ich meiner Mutter helfen musste. Damals beschäftigten wir 10 bis 12 Schuhmacher und stellten hauptsächlich Skischuhe her. Im Winter war ich meist für den Skirennsport unterwegs, 1938–48 war ich aktiv dabei. Kurz darauf habe ich mit meiner Frau zusammen das Geschäft meiner Eltern übernommen.

Welches waren Ihre grössten sportlichen Erfolge?

Ich gewann zwei Bronzemedaillen an einer Weltmeisterschaft, 1948 gewann ich eine Silber- und eine Bronzemedaille in St. Moritz an der Olympiade, wurde dreimal amerikanischer Skimeister und gewann insgesamt elf Mal das Lauberhornrennen.

Kämpften Sie auch mit Verletzungen?

Natürlich, meine beiden Knie waren über die Jahre hinweg mehrmals verletzt. Sämtliche Bänder habe ich in den Jahren 43 und 44 angerissen. Damals war eine Operation noch nicht alltäglich und so wurde das Bein für zwei bis drei Monate in Gips gelegt. Offenbar war diese Methode gar nicht so schlecht – ich fahre heute, als Achtzigjähriger, immer noch leidenschaftlich Ski!

Wie haben Sie damals das Reisen empfunden, war es eine Hetzerei wie heute?

Der Skirennzirkus war damals nicht ganz so hektisch wie heute. Aber wir fuhren die strengeren Kombinationen, die Vierer beinhaltete Langlauf, Sprunglauf, Abfahrt und Slalom.
Damals war das Skifahren keine vollberufliche Beschäftigung, sondern Hobby, und wir verdienten gar nichts damit. Ich hatte ideale Voraussetzungen mit dem Geschäft im Hintergrund. Mit meinen guten Resultaten machte ich zugleich noch Werbung dafür. Während meiner aktiven Zeit sind mir immer wieder Verbesserungen für unsere Skischuhe eingefallen. Später bin ich mit dem Verkauf unserer Skischuhe in der ganzen Welt herumgekommen.

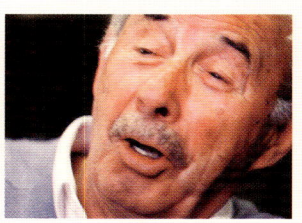

Sie haben uns erzählt, dass Sie Ihr Herz in Amerika an die fritierten Hühnerflügel verloren haben. Wie sieht es mit der japanischen Küche aus?

Das habe ich vorhin völlig vergessen! Natürlich – die japanische und die chinesische Küche mag ich ganz besonders. Meine Frau kocht ab und zu ein japanisches Gericht – Sukiaki heisst es. Ich mag dieses Gericht sehr, weil es nicht so schwer ist.

Was ist Sukiaki?

Es besteht aus Fleisch und Gemüse, welches im Wok angebraten und gedämpft wird. Dazu gehört eine Schale Reis und ein rohes Ei. Die chinesische und die japanische Küche sind sehr bekömmlich und auch gesund. Im Vergleich dazu ist unsere schweizerische Küche eher schwer – aber auch sehr gut!

Sie sind in einer sehr beschäftigten Familie aufgewachsen. Wurden auch Traditionen und Rituale weitergegeben?

Nicht unbedingt. Meine Frau mag meine persönlichen Lieblinge nicht unbedingt – Blut- und Leberwurst oder auch Kutteln. Diese Gerichte bekomme ich ab und zu auch im Restaurant. Normalerweise essen meine Frau und ich fast nichts zu Mittag, dafür geniessen wir das Nachtessen. Glücklicherweise haben wir denselben Rhythmus – sie war übrigens auch eine erfolgreiche Skirennfahrerin und Olympiamedaillen-Gewinnerin.

Wann finden Sie die Zeit zum Einkaufen?

Kein Problem, seit ich das Geschäft meinem Sohn und meiner Schwiegertochter übergeben habe, kann ich mir meine Zeit einteilen. So kaufe ich öfters in Wengen oder Interlaken ein. Im Sommer bietet sich dann gleich noch die Gelegenheit, ein paar Stunden auf dem Golfplatz zu verbringen.

Worauf achten Sie beim Einkaufen?

Auf meinem Weg zum Golfplatz kaufe ich oft frische Fische bei einem Berufsfischer am Thunersee. Mit Gemüse und Salaten sind wir hier in Wengen gut bedient. Ich schaue mich eben gern um und informiere mich über die verschiedenen Angebote.

Bietet Ihnen das Einkaufen auch die Möglichkeit für soziale Kontakte?

Natürlich musste ich allerlei Erfahrungen sammeln und feststellen, dass auch Einkaufen gelernt sein muss.

Was bedeutet für Sie kulinarischer Luxus?

Es ist natürlich schwierig, kulinarische Artikel zu schildern. Ein guter Graved Lachs ist immer ein Genuss. Einen Besuch im Elsass bei einem Fois-Gras-Hersteller darf man fast nicht verpassen.

Ist für Sie die passende Ambiance wichtig?

Natürlich schätze ich es, mit lieben Freunden oder in der Familie ein gemütliches, gutes Essen zu geniessen.

Blick vom Brienzer Rothorn ins Haslital

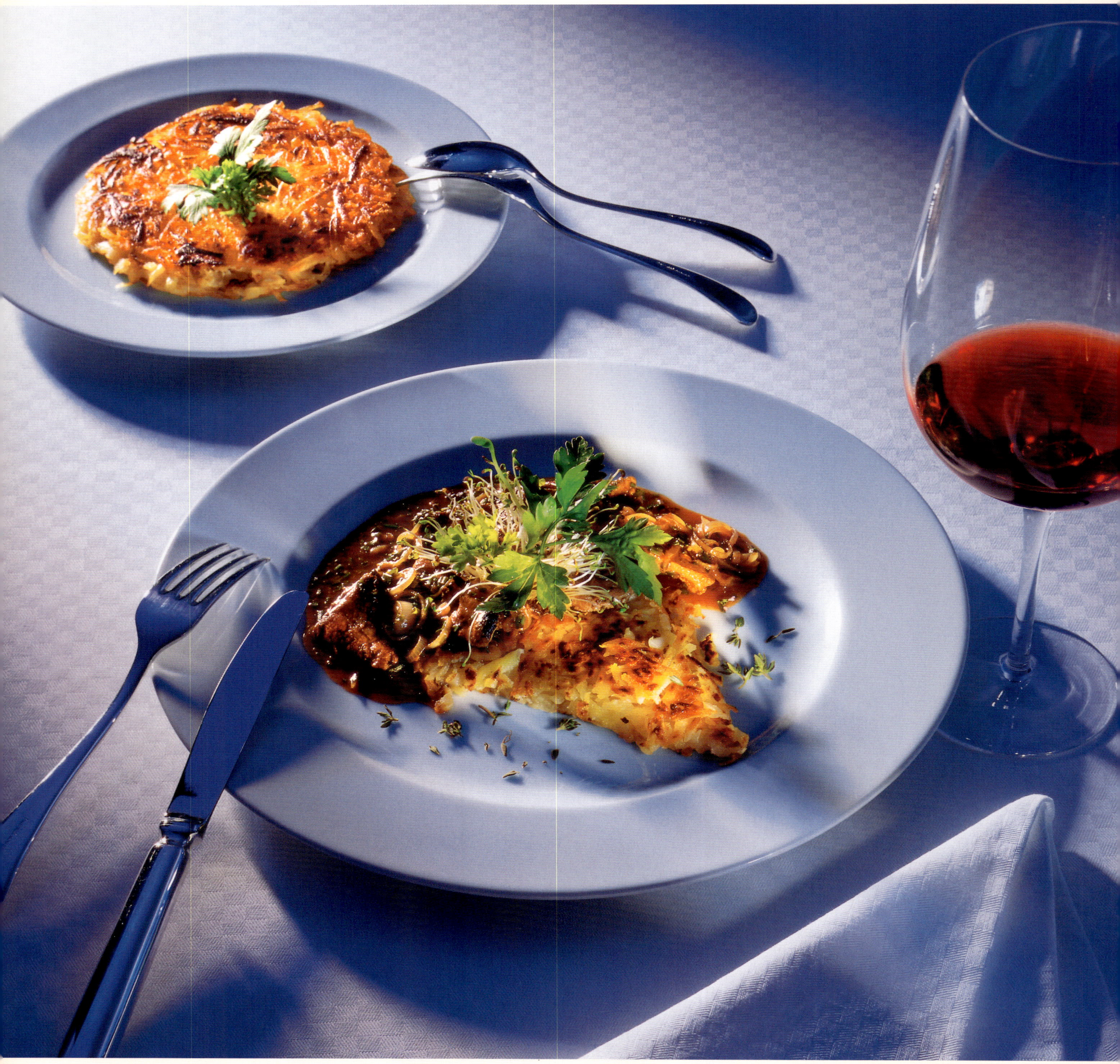

BERNER RÖSTI MIT KALBSLEBER

Rezept für 4 Personen

Karl Molitor

ZUTATEN

Rösti

800 g Kartoffeln

3 EL eingesottene Butter

Salz

Kalbsleber

1–2 EL Öl oder Fett

400 g geschnetzelte Kalbsleber

1 Zwiebel

1½ dl Bouillon

Salz und Pfeffer

ZUBEREITUNG

Rösti

Festkochende Kartoffeln werden möglichst ein oder zwei Tage vorher gekocht, abgekühlt und geschält. Eine gusseiserne Bratpfanne auf höchster Stufe anheizen, kräftig mit Küchenkrepp ausreiben, auf mittlere Hitze abkühlen lassen. Erst Butterschmalz und dann Butter in die Pfanne geben. (Diese Prozedur verhindert das Ansetzen und kann auch für Fleisch angewendet werden.)

Die mit der groben Raffel geraspelten Kartoffeln hineingeben, anbraten, zu einem Kuchen zusammendrücken und mit einem kleineren Deckel oder einem Teller beschweren. Bei nicht zu grosser Hitze braun und knusprig werden lassen (das dauert etwa 20 Minuten). Salzen und pfeffern (zwei Drehungen aus der Pfeffermühle), als ganzen Kuchen wenden. Wer kann, macht dies mit einer schwungvollen Bewegung im einfachen Salto, wer lieber mit Netz und doppeltem Boden arbeitet, nimmt dazu den Deckel, dreht die Pfanne auf den Kopf und lässt die Rösti vom Deckel wieder in die Pfanne gleiten. Auf eine runde Platte anrichten.

Geschnetzelte Kalbsleber

Öl oder Fett in einer Pfanne erhitzen, die geschnetzelte Kalbsleber darin unter Wenden braten, anschliessend mit Salz und Pfeffer würzen, aus der Pfanne nehmen und kurz warm halten.

Die fein geschnittene Zwiebel im Bratfett fünf Minuten dünsten. Nach der Hälfte der Garzeit mit Bouillon ablöschen. Salz, Pfeffer und Geschnetzelte Leber zufügen und kurz in der Sauce erhitzen. Sofort servieren.

Dazu schmeckt ein Glas Rotwein, am liebsten ein Schweizer Pinot Noir oder Dôle.

Weintipp von Klaus Schilling

L'AMBASSADEUR DES DOMAINES
Nouveau Salquenen, A. Mathier, Salgesch VS

Im Herzen ein Berner, im Genuss ein Schweizer. Die Reife des Lauberhornsiegers kommt aus den Bergen. Die Reife der Kartoffel aus dem Boden. Die Reife des Weines aus dem Barriquefass. Einfach, bodenständig, aber festlich.

RUTH GUSSET-DURISCH

Die aktive Politikerin schaut sehr darauf, mit ausschliesslich frischen Produkten ausgewogene und gesunde Gerichte zuzubereiten.

Haben Sie ein Lieblingsrezept?
Gschwellti, welche ich, je nach dem wieviel Zeit ich habe, mit mehr oder weniger Zutaten zubereite. Mindestens einmal in der Woche gibt es bei uns Gschwellti. Dazu serviere ich gerne den Tomme, welchen ich hier im Rezept beschreibe, und Saisonsalat.

«Ohne Teigwaren kann ich problemlos leben, ohne Kartoffeln aber nicht!»

Dieses Gericht eignet sich vorzüglich, um im Freundeskreis zusammenzusitzen und zu reden. Ist es auch deshalb Ihr Lieblingsrezept?
Im Moment kommen unsere Freunde etwas zu kurz. Aber Gschwellti sind ideal, wenn man Gäste hat. Man kann die Zutaten vorbereiten und hat dann mehr Zeit füreinander, um gemütlich zusammenzusitzen und zu plaudern.

Hat diese Vorliebe für Gschwellti eine Geschichte?
Ich liebe Kartoffeln in allen möglichen Variationen und das bereits von Kindsbeinen an. Ohne Teigwaren kann ich problemlos leben, ohne Kartoffeln aber nicht!

Als Politikerin haben Sie sicherlich nicht viel Zeit, um aufwändige Rezepte zu kochen?
Bevor ich aktiv in die Politik einstieg, habe ich viel gekocht, Rezepte ausprobiert und auch sehr viel gebacken. In den letzten Jahren ist das alles sicher zu kurz gekommen.
Heute schaue ich doch sehr darauf, dass ich in möglichst kurzer Zeit ausgewogene und gesunde Gerichte zubereiten kann. Wenn ich zu Hause bin, verwende ich ausschliesslich frische Produkte. Wenn ich nicht da bin, kocht mein Mann – zwangsläufig eher mit Fertigprodukten! Dann muss ich eben zwischendurch dafür sorgen, dass die Ernährung wieder besser wird!

Wie sieht es aus mit Rezepten, die oftmals innerhalb einer Familie von Frau zu Frau weitergegeben wurden – existieren welche aus Ihrer Familie?
Meine Mutter hat mir das Rezept für einen Nusskranz weitergegeben, aber ich kann nicht mit Sicherheit sagen, dass dieses von Generation zu Generation weitergereicht wurde. Es war eher so, dass mir im Laufe der Jahre, als ich selbst eine Familie gründete, dieser Nusskranz wieder als Kindheitserinnerung in den Sinn kam. Ich habe dann meine Mutter darauf angesprochen, und sie hat mir das Rezept aufgeschrieben. Das Rezept ähnelt dem bekannten Hefering. Der Teig wird

PERSÖNLICH

Ruth Gusset-Durisch ist verheiratet und hat zwei erwachsene Kinder. Die gelernte kaufmännische Angestellte arbeitet in der Stiftung Terra Vecchia, Brienzwiler, in der Betreuung und in der Administration. Seit 1972 ist sie in politischen Ämtern tätig – seit sechs Jahren auch als Grossrätin.
Die Hobbys der Brienzerin sind Schwimmen im Brienzersee, Wandern und Lesen.

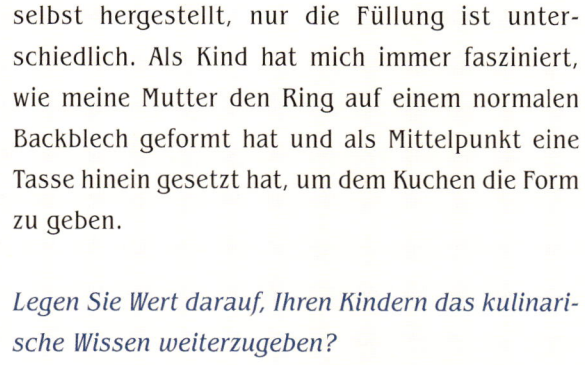

selbst hergestellt, nur die Füllung ist unterschiedlich. Als Kind hat mich immer fasziniert, wie meine Mutter den Ring auf einem normalen Backblech geformt hat und als Mittelpunkt eine Tasse hinein gesetzt hat, um dem Kuchen die Form zu geben.

Legen Sie Wert darauf, Ihren Kindern das kulinarische Wissen weiterzugeben?

Die Gelegenheit hat sich bisher nicht gegeben. Unsere Kinder sind mitten im Aufbau von Berufsleben und Familie. Unsere Tochter kommt ab und zu und fragt nach Rezepten oder Zubereitungsarten. Aber Rezepte aus unserer Familie werden kaum bewusst weitergegeben.

Immer vorausgesetzt, dass Sie überhaupt die Zeit finden: Pflegen oder zelebrieren Sie das Essen mit Familie und Freunden?

Ja. Für mich gibt es unterschiedliche Anlässe. Zum einen ist es das Einladen von Gästen zu einem ganz speziellen Anlass, an welchem wir gepflegt tafeln, die Gemeinschaft pflegen und es einfach geniessen, zusammen zu sein. Eine weitere Gelegenheit ist die, wenn die ganze Familie und Freunde zum Essen kommen. Dann ziehe ich ein einfaches Gericht vor, um mehr Zeit für alle zu haben, eine «chüschtige» Suppe zum Beispiel. Zusammen mit frisch gebackenem Brot und einem feinen Dessert: ein Genuss für alle.
Einer meiner liebsten Anlässe ist der, wenn wir alle unsere Freunde zum Pizzaessen einladen, bei uns im Garten, am selbst gebauten Pizzaofen. Auf diesen Anlass haben wir uns richtiggehend spezialisiert. Wir bereiten ein grosses Buffet vor mit allen erdenklichen Zutaten und die Gäste können sich dann nach Lust und Laune bedienen.

Gibt es eine Leckerei, mit der man Sie verwöhnen kann?

Oh ja, ich bin ein grosser Dessertfan! Ich liebe alle möglichen Süssspeisen, jedoch keine Glace. Die einheitlichen Dessertkarten in den Restaurants mag ich überhaupt nicht! Alles in allem kann ich aus etwa 30 Lieblingsspeisen aussuchen! Gebäcke aller Art mag ich sehr, Cremes in allen Varianten, Caramelköpfli, Desserts aus Früchten und noch vielerlei mehr!

Müssen die von Ihnen gekauften Lebensmittel gewisse Kriterien erfüllen?

Ich kaufe nach Möglichkeit einheimische und saisonale Produkte. Hors-sol oder saisonfremde Produkte kaufe ich nicht – Erdbeeren an Weihnachten zum Beispiel! Wir essen je länger desto weniger Fleisch und wenn, dann möglichst aus den Herstellungsbetrieben. In Geschäften achte ich auf die Herkunft der Produkte, stosse mich aber ab und zu daran, dass die Kosten für diese Produkte recht hoch sind und daher nicht für alle erschwinglich. Fleisch und Käse kaufe ich aber meist ab Hof.

Sie haben erwähnt, dass Sie gerne viele Gerichte vollständig selbstständig herstellen?

Zu meinem Lieblingsgericht, den Gschwellten, mache ich gerne selber Käse. Dabei handelt es sich um einen Frischkäse, welcher je nach Geschmack mild oder scharf gewürzt und mit unterschiedlichen Zutaten angereichert werden kann. Ich verwende diesen Frischkäse auch gerne zum Herstellen von Apérohäppchen. Mit dem Spritzsack kann man den Käse leicht auf Crackers oder kleine Brotstücke spritzen, dekorieren und schon hat man tolle Sachen die Gaumen und Augen erfreuen.

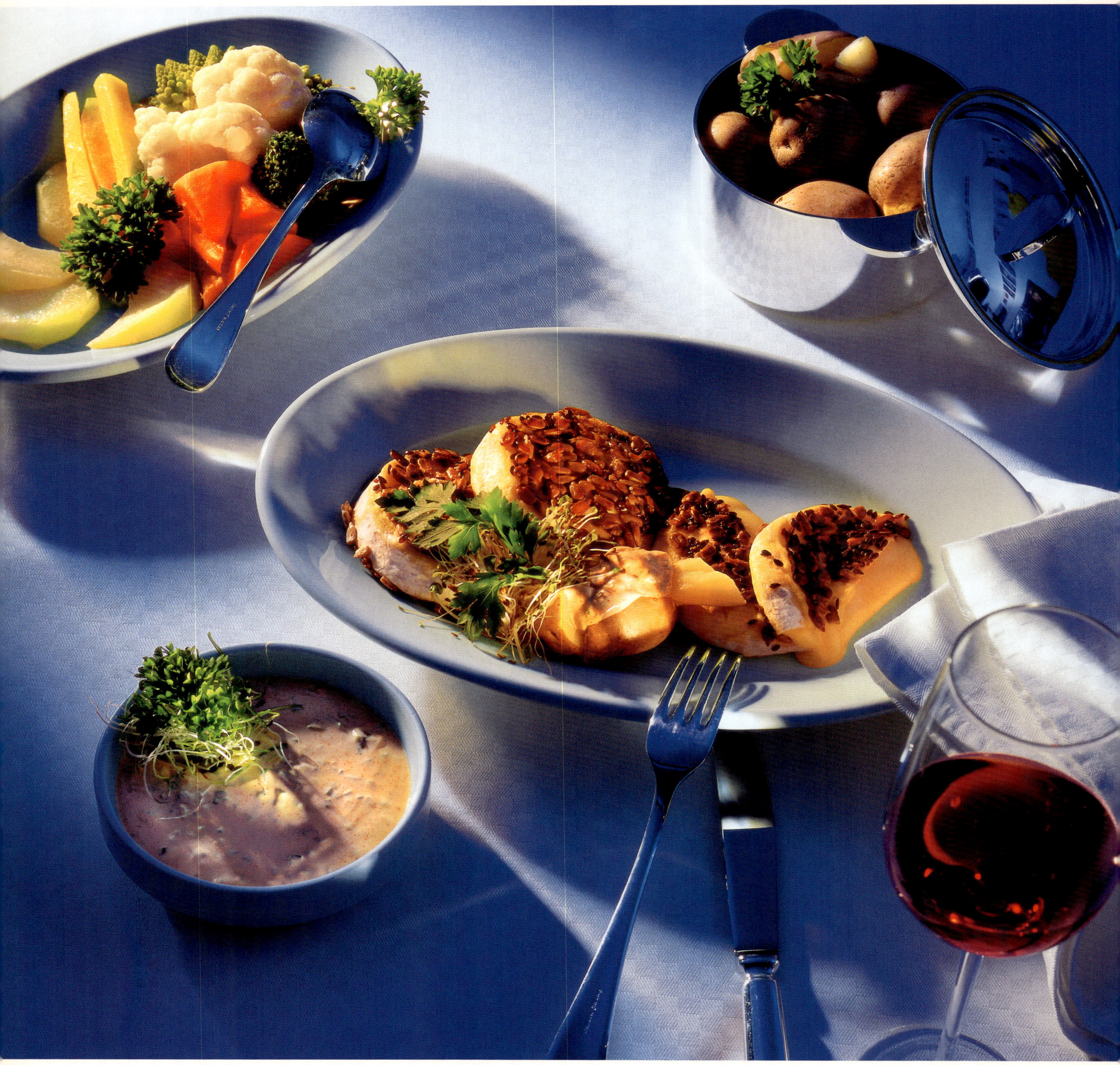

GSCHWELLTI MIT TOMME

mit Salat oder Mischgemüse, Rezept für 4 Personen

Ruth Gusset-Durisch

ZUTATEN

Tomme

Pro Person 1 Tomme à la crème, wenig Weisswein

Sonnenblumenkerne geröstet

Sesam geröstet

Pfeffer, evtl. etwas Chilipulver

Frischkäse

100 g weiche Butter

100 g Magerquark

½ TL Senf

1–2 TL Paprika

½ TL Kümmelkörner

1 TL gehackter Schnittlauch

½ TL gehackte Kapern

Pfeffer nach Belieben

Gschwellti

1 kg Kartoffeln

Salzwasser

Saisongemüse

Passend sind Karotten, Zucchini, Peperoni, Sellerie, Fenchel, Blumenkohl, Broccoli usw.

ZUBEREITUNG

Tomme

Tomme mit Gschwelltigäbeli einstechen und mit Weisswein beidseitig beträufeln und ½ Stunde marinieren.
Sonnenblumenkerne und Sesam zusammen mit den Gewürzen mischen und die marinierten Tomme darin wenden. Bei mittlerer Hitze in der Bratpfanne in wenig Butter zehn Minuten braten. Sorgfältig wenden, damit der Käse nicht ausläuft!

Köstlich zu Gschwellten und Tomme

Gemischter Saisonsalat mit einem leichten Dressing oder Mischgemüse aus der Pfanne. Das Saisongemüse (Karotten, Zucchini, Peperoni, Sellerie, Fenchel, Blumenkohl, Broccoli etc.) klein würfeln, in Stengel schneiden oder zu Röschen teilen, in wenig Chiliöl andünsten und zugedeckt auf kleinem Feuer dämpfen. Falls nötig wenig Flüssigkeit dazugeben, Bouillon oder Wasser. Mit frischen Kräutern abschmecken. (Geeignete Pfanne oder Wok verwenden).

Frischkäse

Den Quark durch ein Sieb streichen. Butter schaumig rühren und nach und nach dem Quark beifügen. Die übrigen Zutaten hinzufügen und sich in ihrer Menge nach dem eigenen Geschmack richten. Der Käse muss stark gewürzt und rosafarben sein. Wenn alles gut durchmischt ist, in eine Schüssel füllen und mit Radieschen und Selleriegrün oder Kresse garnieren.

Varianten

Zusätzlich ganz fein gehackte Sardellenfilets beifügen oder statt Schnittlauch gehacktes Schalottengrün verwenden.

Tipp

Dieser Käse eignet sich auch ausgezeichnet als Apéro. Käse auf kleine Cracker spritzen oder auf dünn geschnittenem Vollkorn- oder Roggenbrot servieren.

Weintipp von Klaus Schilling

FAHRHÖFLER BLAUBURGUNDER
Peter Egloff, Fahrhof, Niederneunform TG

Zu einer bodenständigen Kost darf es auch ein bodenständiger Wein sein. Der Thurgauer hat in Sierre eine Auszeichnung erhalten. Dies spricht für die Qualität dieses Pinots. Es darf natürlich auch ein Rioja aus dem Keller von Ruth Gusset-Durisch sein.

THOMAS ULRICH

Für den Fotografen ist Kochen überhaupt kein Thema. Er ist kulinarisch nicht anspruchsvoll und zieht die einfache Küche der aufwändigen vor.

Sie sind oft und auch lange Zeit auf Reisen. Wie sieht Ihre Ernährung in solchen Situationen aus?

Meist besteht die Nahrung aus gefriergetrockneten und bereits fertigen Gerichten oder sogar Pemmikan. Vor kurzem hatte ich einen Auftrag auf Lanzarote, und dort ist die einheimische Küche natürlich hervorragend. Wenn ich aber im hohen Norden unterwegs bin, wirkt sich dies auf die Ernährung aus.

Wird die Ernährung auf langen Expeditionen nicht langweilig und eher einseitig?

In Deutschland existiert eine Firma, die sich im Nahrungsbereich auf die Ausrüstung von Expeditionen spezialisiert hat und individuell abgestimmte Ernährungspläne erstellt.

Wie wichtig ist für Sie die Ernährung?

Ich lege nicht besonderen Wert auf Vielfalt oder aufwändige Herstellung. Mein Motor muss angetrieben werden – und damit hat sichs. Ich gehe auch nicht gerne in Restaurants oder Hotels.

Sie sind auf Ihren zahlreichen Reisen kulinarisch im Norden hängen geblieben. Haben Sie ein Lieblingsrezept mitgebracht?

Nicht unbedingt. Aber die Familie meiner Frau stammt aus Norwegen, und jedesmal wenn ich meine Schwiegermutter in Norwegen besuche, bereitet sie mir Lachs zu.

Kochen Sie selber auch?

Für mich ist das überhaupt kein Thema. Ich schalte die Kochplatte höchstens dazu ein, um eine Tasse Kaffee für mich zu kochen!

«Nach dem Essen muss meist irgendetwas Süsses her»

Ist dies ein Menü, das Sie auch hier ab und zu kochen?

Nein, eigentlich nicht, Lachs hat in der Schweiz nicht denselben Stellenwert wie in Norwegen. Dort gehört dieser Fisch zum alltäglichen Leben und wird viel und gerne zubereitet.

Wie wichtig sind für Sie die sozialen Kontakte – gerade auch beim Essen?

In den meisten Fällen verläuft mein geschäftliches Leben mit dem privaten gleichspurig. Deshalb leidet manchmal auch der soziale Kontakt innerhalb meiner Familie, weil wir oft beim Essen gestört werden. Wenn ich unterwegs bin oder mit Kollegen in den Bergen, geniesse ich dieses Zusammensein sehr.

PERSÖNLICH

Thomas Ulrich ist gelernter Zimmermann, das Fotografieren hat er sich autodidaktisch angeeignet. Seit acht Jahren ist er als selbstständiger Fotograf für Magazine wie National Geographic, Live Magazine und für Produzenten von Outdoor-Bekleidung mit der Kamera unterwegs. Dabei kommen ihm seine weiteren Berufe als Bergführer und Gleitschirmpilot sehr entgegen.
Der 33-Jährige sagt von sich, er habe alle seine Hobbys zum Beruf gemacht.

Existieren in Ihrer Familie Traditionen, die von Generation zu Generation weitergegeben wurden?

Meine Mutter ist eine ausgezeichnete Köchin, aber Traditionen oder feierliche Anlässe wurden in unserer Familie nicht ausgeprägt gepflegt. Als Kind war ich ein mühsamer Esser – was sich glücklicherweise, auch mit dem Kennenlernen der norwegischen Küche, verändert hat. In Norwegen werden Traditionen höher gehalten als bei uns. Ich habe dort viel Neues kennengelernt – auch wenn ich ab und zu über die Vielfalt der zu feiernden Anlässe lachen muss!

Gibt es Gerichte, die Sie hinter dem Ofen hervor locken?

Schokolade – in allen Variationen! Nach dem Essen muss meist irgendwas Süsses her! Ich ernähre mich oft direkt aus der Bäckerei! Wenn mich Gelüste befallen, kann ich auch kurz vor dem Mittagessen noch in eine Bäckerei gehen – meist ist dann aber das Mittagessen nicht mehr sehr gefragt.

Welchen kulinarischen Luxus gönnen Sie sich ab und zu?

Ich war schon ein paar Male in Argentinien unterwegs. Zu Hause esse ich eher wenig Fleisch, aber wenn ich drüben bin, dann kann ich einem feinen Steak glattweg nicht widerstehen. Das argentinische Rind- oder Pferdefleisch ist ausserordentlich zart und schmackhaft, deshalb liebe ich es auch.

Gehen Sie auch einkaufen?

Nur wenn alles auf einer Liste steht. Meistens kauft meine Frau ein. Wenn ich alleine zu Hause bin, kaufe ich kaum ein und verpflege mich häufig aus der Bäckerei...!

Wissen Sie, worauf Ihre Frau beim Einkaufen achtet?

Ich bin der Meinung, dass wir uns sehr «normal» verhalten. Wir versuchen, unseren Kindern eine gesunde Haltung zur Ernährung zu vermitteln und achten deshalb auf ausgewogene und gesunde Nahrung. Schweinefleisch zum Beispiel kaufen wir nicht, weil es eher ungesundes Fleisch ist. Auch Bio-Produkte sind für uns keine Themen. Ich finde, dass dies ein Luxus unserer Gesellschaft ist, der nicht unbedingt zu uns passt.

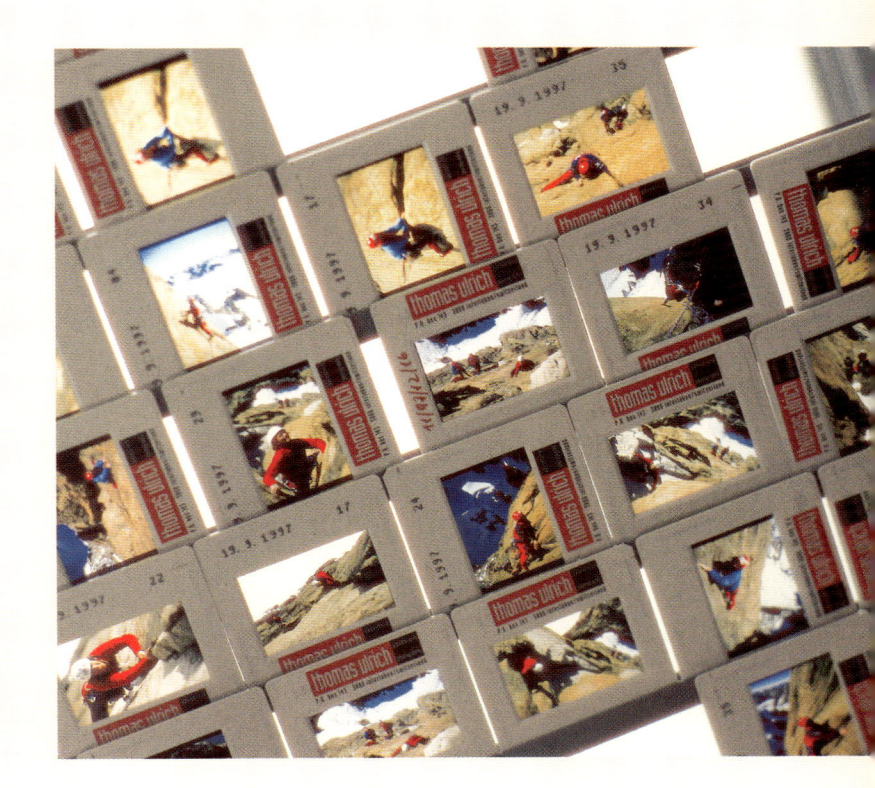

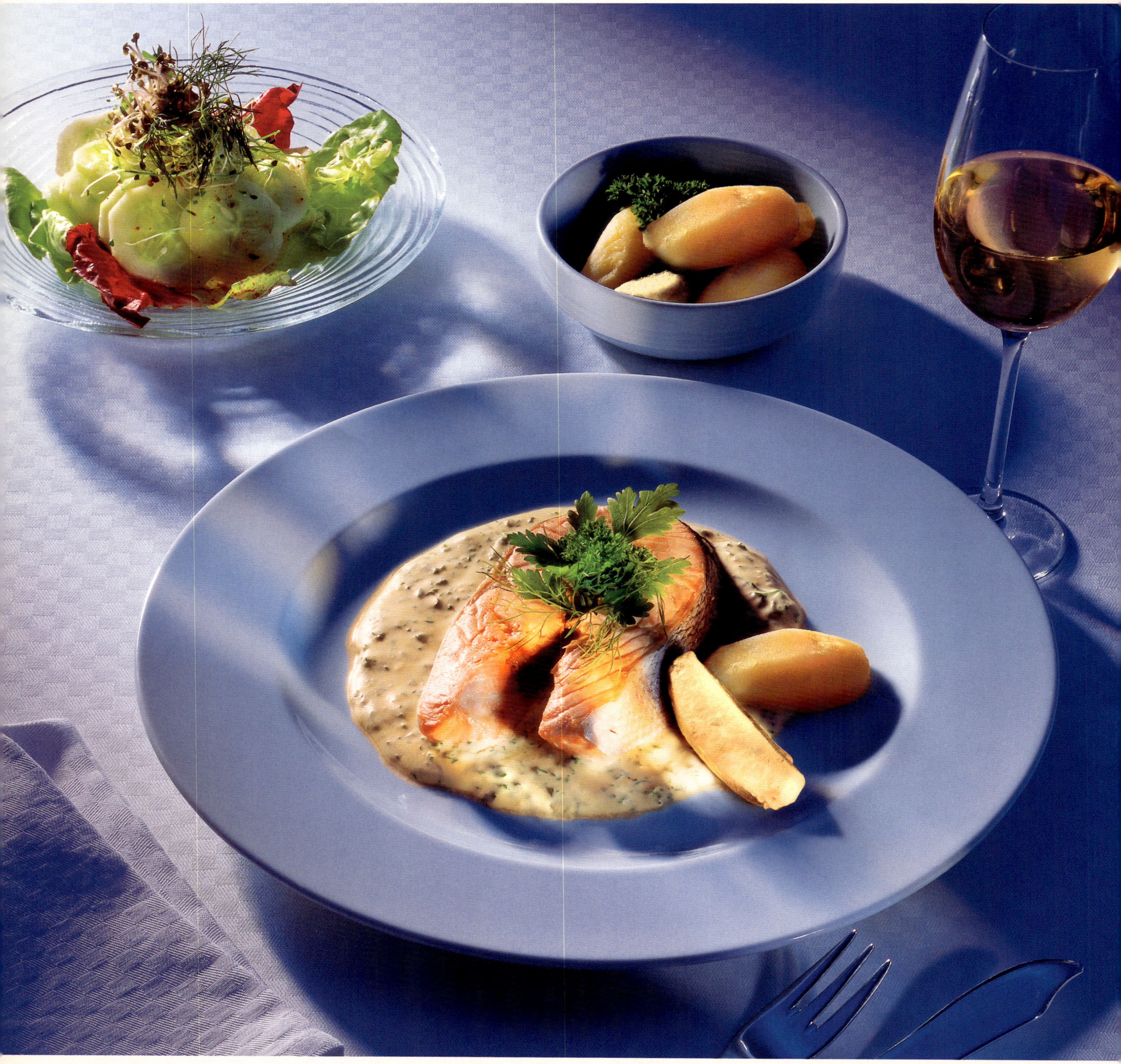

LACHS AN BUTTERSAUCE

mit Gurkensalat und Salzkartoffeln, Rezept für 4 Personen

Thomas Ulrich

ZUTATEN

Lachs

800 g Lachs in Tranchen

2 EL Salz pro Liter Wasser

1 TL Pfefferkörner

2 Lorbeerblätter

Buttersauce

150 g Butter

½ dl Rahm

3 EL fein gehackte Petersilie

Etwas Zitronensaft

Gurkensalat

2 Gurken

2 dl Wasser

3 EL Essig

3 EL Zucker

Pfeffer

Salzkartoffeln

500 g Kartoffeln

Sauerrahm

ZUBEREITUNG

Lachs

Eine grosse Pfanne mit Wasser, Salz, Pfefferkörner und Lorbeerblätter aufkochen. Die Pfanne vom Herd nehmen, den Lachs in den Sud geben und ziehen lassen, bis er gar ist (ca. 12–15 Minuten). Den Fisch vorsichtig herausnehmen und auf vorgewärmten Tellern servieren.

Gurkensalat

Die Gurken in dünne Scheiben schneiden und aus den übrigen Zutaten eine Marinade zubereiten.

Buttersauce

Den Rahm mit der Petersilie aufkochen. Die Pfanne vom Herd nehmen, die Butter nach und nach vorsichtig einrühren und mit etwas Zitronensaft abschmecken.

Beilagen

Kartoffeln in Salzwasser kochen, anrichten und Sauerrahm zum Selberschöpfen beigeben.

Tipp

Der Sauerrahm schmeckt vorzüglich, wenn Sie ihn mit etwas Zitronen- oder Limettensaft parfümieren.

Weintipp von Klaus Schilling

CHARDONNAY MEURSAULT LE LIMOSIN
Michel Pouhin-Seurre, Mersault, F

Zu Fisch passen Weine mit Säurestruktur. Zu Lachs darf es sogar ein bisschen Rauchgeschmack des Fasses sein. Zu den wenigen festlichen Gelegenheiten muss es aber etwas Besonderes sein.